생각의 판을

바꾸라

생각의 판을 바꿔라

발행일	2019년 8월 16일

지은이	오항탁, 추교진		
펴낸이	손형국		
펴낸곳	(주)북랩		
편집인	선일영	편집	오경진, 강대건, 최예은, 최승헌, 김경무
디자인	이현수, 김민하, 한수희, 김윤주, 허지혜	제작	박기성, 황동현, 구성우, 장홍석
마케팅	김회란, 박진관, 조하라, 장은별		
출판등록	2004. 12. 1(제2012-000051호)		
주소	서울시 금천구 가산디지털 1로 168, 우림라이온스밸리 B동 B113, 114호		
홈페이지	www.book.co.kr		
전화번호	(02)2026-5777	팩스	(02)2026-5747

ISBN	979-11-6299-811-3 03320 (종이책)		979-11-6299-812-0 05320 (전자책)

이 도서의 국립중앙도서관 출판예정도서목록(CIP)은 서지정보유통지원시스템 홈페이지(http://seoji.nl.go.kr)와
국가자료공동목록시스템(http://www.nl.go.kr/kolisnet)에서 이용하실 수 있습니다.
(CIP제어번호: CIP2019031568)

(주)북랩 성공출판의 파트너

북랩 홈페이지와 패밀리 사이트에서 다양한 출판 솔루션을 만나 보세요!

홈페이지 book.co.kr · **블로그** blog.naver.com/essaybook · **원고모집** book@book.co.kr

일과 삶을 성공으로 이끄는 가장 스마트한 방법

생각의 판을 바꾸라

오항탁, 추교진

인생의 변화는 생각의 변화에서 시작된다!
사소한 것에서 거대한 성공을 낳는 생각의 힘

북랩 book Lab

prologue

"딱, 5분만 더 있다가 일어나야지."

이미 5분 전에도 했던 생각이지만 몸은 움직이지 않고 있다. 일어나야지 하고 생각하지만, 이불 밖의 차가운 공기에 다시 이불을 끌어안는다.

생각만 있지, 좀처럼 바뀌지 않는 하루를 바꾸고 싶었다.

매일 아침마다 오늘을 기대하며 두근거림과 설렘을 한 번만이라도 느끼고 싶었다.

"나도 좀 바꿔야지." 하면서 매일같이 반복되는 무거운 아침과 습관에 진저리가 났다.

우리는 인생을 살아가는 데 있어서 항상 최선을 다한다.

지금 이 책을 읽고 있는 당신도 마찬가지다. 누구보다 하루를 열심히, 치열하게 살아가고 있을 것이다. 필자 역시 당신과 다르지 않다.

그런데 열심히 하루를 살아가지만, 항상 드는 생각은 '왜 뭘 한 거 같지가 않지?'이다. 바쁘게 하루를 살지만, 물리적으로 사용되는 시간과 노력에 비해 효율이 좋지 못하다는 생각이 들었다.

학창 시절부터 이어져서 성인이 되어서도 변하지 않는 생각과 습관들.

누구나 한 번쯤 모든 일을 실수 없이 일사천리로 한순간에 끝내고 자신이 원하는 모습으로 살아 보고 싶다는 상상을 해 본 적이 있을 것이다.

늘 더 나은 생각과 더욱더 좋은 아이디를 만들어 내고 싶었고 어제보다 조금 더 나은 인생을 살아가기 위한 방법으로 무엇이 있을까를 늘 생각했다.

하지만 그것은 생각일 뿐, 현실은 달라지지 않았다.

왜 이런 걸까?

왜 하나도 바뀌지 않는 걸까? 노력하면 바뀌기는 하는 걸까?

나 역시 이 질문으로 많은 시간을 보냈다.

당신은 어떤가?

지금 당신은 어떤 노력을 하고 있고 그로 인해 어떤 삶을 살아가고 있는가?

결론부터 말하면, 당신도 할 수 있다.

물론 지구를 지키겠다며 망치를 들어야겠다는 생각만 하지 않으면 말이다.

변화를 위해 기존의 사고 체계를 바꾸기 위한 훈련은 특별한 노력과 재능이 있어야만 할 수 있는 게 아니다. 누구나 할 수 있고, 지금 변하고자 하는 마음으로 이 책을 들고 읽는 그만큼의 노력과 수고로움만 있다면 충분히 가능하다.

명심하라!

좋은 생각과 아이디어는 지능만으로 결정되는 것이 아니다.

다람쥐 쳇바퀴 돌듯이 반복되는 하루를 벗어난 새로운 모습을 기대한다면 달라져야 한다. 더 이상 어제의 삶을 유지해서는 안 된다.

어제와 똑같은 모습으로 오늘을 살아서는 안 된다.

"어제와 똑같이 살면서 다른 미래를 기대하는 것은 정신병 초기 증세다."라는 아인슈타인의 말처럼, 우리는 어제와 똑같은 하루를 살아서는 계획하고 꿈꾸는 삶을 이룰 수 없다.

많은 사람이 내일을 기대하고 상상하면서 어제와 똑같은 생각과 행동으로 오늘을 산다. 변화를 원한다면 생각하고 행동해야 하는 것은 불변의 진리다.

"아니, 할 수 없어!"라며 자신의 한계를 긋기보다는 가능성을 믿고 긍정적인 태도를 갖추는 것이 자신의 한계를 뛰어넘는 방법이다.

이 책은 변화를 원하는 사람들을 위한 생각과 행동에 대해 말하고 있다.

나는 당신이 지금 이 책을 읽는다고 해서 당신의 삶이 송두리째 달라질 수 있다고 기대하지는 않는다. 다만 당신이 진정으로 바라는 내일을 위해 오늘을 바꾸는 작은 불씨가 되길 소망한다. 이 책을 통해서 어제와 다른 오늘을 살며 내일을 그리는 삶을 살길 진심으로 바란다.

Contents

모든 것은 관심에서
시작된다

이상한 나라의
생각들

"오늘 내가 죽어도 세상은 바뀌지 않는다. 하지만 내가 살아
있는 한 세상은 바뀐다."

- 아리스토텔레스(Aristoteles, BC 384~322년)

학창 시절엔 공부하라고 해서 공부를 했다.

공부는 했지만, 재미는 없었다. 부모님이 공부하라고 해
서 공부한 것뿐이다. 사실 특별히 공부를 열심히 해야 하
는 이유도 몰랐다. 너무 뒤처지면 창피한 일이니까 못해도
중간은 해야 한다는 말이 듣기 싫었다. 학교에서 점수가 낮
으면 창피하고 높으면 자랑할 만한 일이라는 것이 싫었다.

많은 사람이 인생에 정도(正道)는 없다고 말한다. 이 말은
답이 없다는 것이다. 즉, 사람이 살아가는 방법에는 딱히 정
해진 방법이나 정답이라 불릴 만한 것이 없다는 것이다.

내일 일을 알 수 없고, 앞으로 사람 일이 어떻게 달라질 지는 아무도 모른다.

자신만의 경험과 능력으로 때에 따라 열심히 살아가란 뜻이다.

자신만의 방법이 답이 되는 것이고 그것이 정답이 될 수 있다는 소리다.

하지만 많은 사람이 일반적으로 살아가는 방법이 있으니 "너도 이렇게 해!"라고 강요하는 모습이 싫었다.

답이 없다고 말하며 마치 인생의 정답이 있는 것처럼 말하고 다름은 곧 틀림으로 생각하는 그들을 이해할 수 없었다.

인류의 하늘을 나는 꿈을 실현해 준 라이트 형제(Wright brothers, 1867~1912년, 1871~1948년). 지금의 비행기를 있게 하는 초석을 닦아놓은 라이트 형제는 사람들의 무시 속에서 비행기를 만들었다.

비행기가 세상에 존재하지 않았을 당시의 사람들은 "사람이 하늘을 난다고?"라고 하며 의문을 가졌다. 그들은 하늘을 날아다닌다는 것은 신의 영역으로까지 생각했다. 학교에서는 더 이상 가르칠 게 없을 정도로 바보 같다며 라이트 형제를 무시했고 그들의 생각과 행동을 인정하지 않았다. 보통 사람들과 생각이 다른 것을 쉽게 인정하지 않으려는 것은 예나 지금이나 크게 다르지 않은 것 같다.

그나마 다행인 것은 요즘은 의식의 전환이 이뤄져 '다름'을 어느 정도 인정해 주는 시대를 살아가고 있다는 것이다. 여전히 갈 길은 멀지만 말이다.

"넌 왜 그렇게 하려고 하니? 튀려고 좀 하지 마!"라고 말하는 사람들을 자세히 살펴보면 살아가는 목표나 계획이 없거나 불분명한 사람들이다. 그들은 뚜렷한 비전도 없다. 그저 남들도 하니까 따라 하는 것이고 그것을 정답으로 생각하는 것이다. 마치 로봇처럼 말이다.

이해할 수 없었다.

보이지 않는 조용한 강요에 조금 삐딱한 자세로 세상을 바라보기 시작했다.

이제부터 착하고 예의 바른 모습에서 일탈하는 모습으로 바꾸겠다는 게 아니다.

단지 조금 다른 각도에서 세상을 바라보고 싶었다. 다른 각도에서 나 자신을 바라보며 남들과는 조금 다른 길을 선택하기로 했다. 내가 다른 길을 선택했을 때 두렵지 않았다는 것은 아니다. 두렵고 떨리지만, '이것이 내 인생에 떳떳한 자세일까?', '그 인생을 살아가는 나는 행복한가?'라는 질문을 던졌다.

누구나 새로운 환경과 도전은 낯설고 두렵다.

하지만 다른 누구의 인생도 아니다. 한 번밖에 살 수 없는 내 인생 아닌가.

시간은 무한하지 않다. 누구에게나 삶의 마지막은 있다. 남들의 시선을 신경 쓰고 살아가기엔 시간은 너무나도 짧다. 나에게 주어진 인생을 살아가기에도 짧다는 사실을 잊지 말아야 한다.

두뇌의 콘셉트를
바꿔라

> "깊이 생각하라. 그리고 먼저 그대의 사상을 풍부히 하라.
> 저 커다란 건물이라고 할지라도 먼저 인간의 두뇌 속에 그
> 형체를 이룩하고 그런 연후에 그것이 건물이 되어 나타난
> 것이다. 현실이란 사상의 그림자에 불과하다."
>
> - 토머스 칼라일(Thomas Carlyle, 1795~1881년)

사 놓고 한 번도 읽지 않아 먼지만 쌓여 가는 책들.

어지럽혀져 있는 책들과 언제 했는지 기억도 나지 않는
방 청소.

시끄럽게 휴대폰 알람이 울려대고 딱 5분만 더 있다가
일어나겠다고 다짐하지만, 이미 5분 전에도 했던 다짐이
다. 10분이 훌쩍 지나면 그제야 마지못해 일어나 출근 준
비를 한다. 필자의 옛 모습이다. 아마 필자와 비슷한 경험

을 하고 있거나 지금도 진행 중인 사람도 있을 것이다.

　대부분의 사람이 이처럼 무거운 아침을 맞이하며 어제와 크게 다르지 않은 생활을 한다. 해야 할 일이 있지만 미루기만 할 뿐, 실제로 하지 않는 모습은 어느덧 습관이 된 채로 살아간다.

　하지만 우리는 변화를 원한다.

　생각이 없는 기계들이 아닌 무한한 변화의 가능성이 있는 사람이기에 변화를 꿈꾼다. 당신에게 묻고 싶다. 당신은 게으르고 나태한 삶을 이겨낼 용기가 있는가?

　만약 당신이 나태한 삶을 컨트롤할 수 있다면 지금 원하는 삶을 사는 사람이거나 아니면 곧 그렇게 될 거라고 필자는 확신한다. 뜨거운 가슴으로 아침을 맞이하는 당신을 진심으로 응원하며 박수를 보낸다.

　반면에 그렇지 않다면 잠시 이 책을 읽는 것을 멈추고 생각해 보길 바란다.

　왜 똑같은 하루를 보내는데 어떤 사람은 뜨거운 가슴으로 시작하고 또 다른 사람은 1년 전과 크게 다르지 않은 오늘을 살아가는 걸까?

나는 무엇이 문제인 건가.

왜 쉽게 자기 생각과 의지대로 살아갈 수 없는 걸까?

혹시 당신도 내가 처한 상황과 환경 때문에 변화할 수 없다고 말하고 싶은 것인가? 나는 원래 그런 사람이고 변화는 특별한 사람만이 하는 거라는 바보 같은 말을 하고 싶은 것인가?

하루를 힘 있고 열정적으로 살아가는 사람과 어제와 특별히 다를 게 없는 오늘을 살아가는 이들은 서로 생각하는 게 다르다. 즉, 사고 콘셉트가 다르다.

자신이 성공했다고 말하며 흥분과 설렘으로 하루를 살아가는 사람들은 모두 두뇌 콘셉트가 다르다. 그들은 모두 자신만의 뚜렷한 목표를 가졌으며 긍정으로 자신의 미래를 굳게 믿으며 그려나간다.

『습관의 재발견』의 저자인 스티븐 기즈(Stephen Guise)는 팔굽혀 펴기로 새로운 인생을 살고 있다.

매일 팔굽혀 펴기를 하는 단순하고 작은 행동이지만 시간이 흐르자 점차 생각이 달라졌고 예전과 다른 행동력을 갖게 되었다고 말하며 이제는 자기계발 전문가로 인생을 새롭게 설계하며 살아가고 있다. 고작 팔굽혀 펴기로 말이다.

스티븐 기즈는 변화를 꿈꾸고 있고 간절히 바란다면 아무리 작은 생각과 행동도 가볍게 여기지 말라고 당부한다. 그 작은 생각과 행동은 이루기도 쉬울 뿐만 아니라 몇 번의 경험이 쌓이면 엄청난 행동력을 가져온다고 말하고 있다.

당신에게 다시 한번 물어보고 싶다.

당신은 팔굽혀 펴기처럼 간단한 행동으로 인생을 바꿀 계기를 만들었던 스티븐 기즈처럼 할 수 있겠는가? 혹시 작은 생각과 행동으로는 변화를 말하기에는 부족하고 초라하다고 생각하는가? 만약 그렇다면 그 생각은 자신의 내부에서 나오는 이야기라기보다 외부와의 비교 의식에 의해 만들어졌을 가능성이 크다.

"고작 이 정도 생각으로 뭘 해? 다른 사람들은 다르던데."

필자는 비교 자체가 나쁘다는 것을 말하려는 것이 아니다. 삶에 적절한 긴장을 주는 비교는 오히려 타성에 젖은 안일한 삶을 벗어나게 해 주는 효과를 준다.

문제는 다른 사람들과의 비교 의식이 강해 '나'는 점점 희미해지고 비교 그 자체만 남는 것이다.

모든 시작은 초라하다. 당신이 무시할지도 모를 그 생각과 행동을 또 다른 누군가는 직접 경험하며 자신만의 성공을 쌓아 올리고 있다.

팔굽혀 펴기, 독서 한 장, 사용하지 않는 물건 버리기, 지금 떠오르는 생각 메모하기. 단순한 생각과 행동일지라도 성취감과 자신감을 느끼게 만든다. 여기서 만들어진 자신감은 더 큰 용기와 도전을 만들기 시작한다.

변화는 당신 안에서부터 시작된다.

한 번에 변하려고 하는 마음부터 바꿔야 한다. 습관과 변화도 하다 보면 느는 것이다. 중요한 것은 '시작'이다.

다시 예전 모습으로 돌아갈 때마다 자기 자신을 달래서 다시 도전하는 마음이 중요하다. 지금 당장 변화를 외부에서 찾으며 타성과 부정에 젖은 닫힌 사고의 두뇌 콘셉트를 버리고 앞으로의 변화를 도모하려는 열린 사고의 두뇌 콘셉트로 바꿔라.

지금 읽고 있는가

"닫혀있기만 한 책은 블록일 뿐이다."

- 토마스 풀러(Thomas Fuller, 1608~1661년)

4차 산업혁명 시대를 맞아 취업은 점점 힘들어지고 일자리는 사라지고 있다.

취업하기가 힘들어 아예 포기하는 사람도 속출하는 상황이다.

이런 상황 가운데서 '창직(創職)'하는 사람들이 늘고 있다.

'창직'은 쉽게 말해서 직업을 새롭게 만드는 것이다. 개인이 직접 아이디어를 가지고 활동하여 새로운 직업을 만드는 것을 창직이라고 한다.

하지만 막상 창직을 하고 싶어도 '무엇으로 창직을 해야 하는가?'로 고민하게 된다.

창직을 희망하는 많은 사람이 아이디어나 아이템이 없

어 쉽게 창직할 수 없다고 말한다.

이들에게 필자가 제시할 수 있는 솔루션은 하나다.

"책을 읽으세요."

책을 읽으라는 필자의 대답에 누군가는 한숨부터 쉬며 팔자 좋은 소리 한다고 생각할지도 모르겠다.

실제로 책을 읽으라는 필자의 말을 듣고 "일단은 제가 궁금한 내용이 책에 있는지 궁금해요. 또 시간도 오래 걸려요. 책에서 어떻게 말하는지 알 수가 없어서 답답해요. 그냥 인터넷을 찾아보는 게 빠르지 않나요?"라고 묻는 사람이 적지 않았다. 그들의 볼멘소리가 완전히 틀렸다고 말할 수는 없지만, 필자는 그들에게 거꾸로 이렇게 물어본다.

당신을 지도해 줄 멘토나 스승이 있는가?

현재 한두 번 사업에 실패해도 될 만큼의 경제력을 갖추고 있는가?

지금 당신에게 창직에 필요한 반짝반짝 빛나는 아이디어가 있는가?

새로운 사업을 시작할 때 당신을 도와줄 인맥들이 있는가?

이 질문에 몇 가지나 대답할 수 있는지 물어본다.

쉽게 대답하기 어렵다면 우선 책을 읽어 보라고 말한다.

책이 아니면 아이디어를 만들고 생각할 힘을 어디서 얻을 것인가?

간혹 인터넷, SNS를 이용하여 정보를 수집하면 괜찮지 않냐고 묻는 사람들도 있다. 아예 틀렸다고 말할 수는 없지만, 인터넷을 이용한 정보 수집은 음식으로 말하면 인스턴트 음식과 같다.

인스턴트 음식은 간편하고 먹기에 좋을 수는 있으나 영양소가 골고루 있는 게 아니다.

쉽게 먹을 수 있어도 영양은 별로 없는 경우가 더 많다. 그뿐만 아니라 가끔은 음식이 아닌 경우도 있다. 마찬가지로 인터넷은 쉽고 간편하며 빠르게 정보를 찾아볼 수는 있어도 그것이 양질의 정보라고 말하기는 어렵다.

책을 읽는다는 것은 사실 꽤 높은 수준의 사고 과정을 거치는 것이다.

책을 읽는 사람은 글을 있는 그대로 받아들이지 않고 읽는 과정에서 새로운 의미 생성의 지적 작용을 하게 된다.

독서는 책을 통해 그 내용을 이해하고, 비교 및 분석하여 종합하여 평가하는 것이다. 책에 있는 내용을 언어로 읽고 자료화하여 더 깊고 넓게 새로운 의미를 만들어서 적용하는 것이다. 다시 말해 사고를 키우는 고차원의 지적 행위인 것이다.

하지만 이러한 필자의 설명에도 불구하고 많은 사람이 지금 당장 필요한 그 무엇을 요구하고 답을 요청한다.

무협지를 보면 주인공은 절대 무공을 가지고 있는 스승에게 무공을 전수받는다. 이때 주인공은 꾀를 부리며 재미없고 힘든 기초 훈련을 피하려 한다. 하지만 스승은 제자에게 기초야말로 무공의 시작인 동시에 궁극의 무술이 될 수 있는 방법이라고 말한다.

"한 권의 책을 읽은 사람은 두 권의 책을 읽은 사람의 지도를 받게 되어 있다."라는 말이 있다. 책은 바로 당신의 기초를 다지는 도구인 것이다.

세상에 고수는 넘쳐난다. 우리는 책을 읽음으로써 머리로만 알고 있던 사실을 가슴으로 받아들이게 된다. 세상의 잘난 사람, 고수들을 책으로 만나면 내 생각이 틀렸고 얼마나 고칠 점이 많은지 알게 된다. 책은 그 고수들이 자신의 노하우와 생각을 공유하는 공간이다. 바빠서 만날 수도 없는 사람들의 생각과 노하우를 20,000원 남짓한 돈으로 배울 수 있다면 우리가 책을 읽지 않을 이유가 없다.

책을 통해 받아들인 지식은 자기 생각과 느낌이 더해져 더 깊고 넓어지게 된다. 그뿐만 아니라 세상에 존재하는 많은 고수를 인정하게 되며 겸손하게 된다. 또 의미 없다고 생각했던 것들이 달리 보이게 되고 더욱 깊어진 생각으로 사물을 바라보는 힘이 길러진다. 이것이 책을 읽어야 하는 이유이며 빨리 갈 수 있는 방법이다.

02

생각

생각인가, 고민인가?

생각과 고민 사이

"두 개의 화살을 가지지 말아라. 두 번째 화살의 존재는 첫
번째 화살의 집중을 방해한다."

- 『탈무드』

"대표님. 짜장 드시겠어요, 짬뽕 드시겠어요?"

"음…. 생각 좀 해 볼게요."

"얼른 고르세요. 대표님만 고르시면 됩니다."

"자, 잠깐만요. 기다려 봐요."

필자는 직원들이 야근하는 것을 좋아하지 않는다.

아마 정상적인 회사의 대표라면 직원들의 행복을 위해서
라도 필자와 같은 생각을 할 것이다.

그러나 도저히 야근을 하지 않으면 안 될 상황일 때는
직원들과 저녁으로 중식을 시켜 먹는 경우가 종종 있다.

그때마다 우리 직원들이 묻는 말은 짜장과 짬뽕 중에서

어떤 것으로 먹겠느냐다.

짜장과 짬뽕. 인류 최대의 고민(?) 중 하나인 짜장과 짬뽕을 놓고 필자를 포함해 직원들 모두 고민하곤 한다. 야근하며 해결해야 할 문제나 회의 내용보다 짜장과 짬뽕을 선택해야 하는 순간에 더 심각하게 고민한다.

눈치 빠른 독자라면 지금쯤 예상했을 것이다.

많은 사람이 하고 있고 지금 이 글을 보고 있는 당신도 예외는 아니다.

하루에도 쉴 새 없이 하고 있고 모든 사람이 예외 없이 하는 이것. 바로 생각이다. 좋은 생각이든, 나쁜 생각이든 아니면 아무 의미 없는 생각일지라도 모든 사람은 늘 쉴 새 없이 생각하고 있다.

짜장과 짬뽕을 놓고도 뭘 먹을지 심각하게 고민하는데, 사업을 위한 직원들과의 회의, 새로운 사업 아이디어와 아이템을 두고 생각하는 것은 말할 것도 없다.

생각의 뜻을 사전에서 찾아보면 사물을 헤아려 판단하는 것이라고 쓰여 있다.

자기 일이나 자신이 처한 상황과 환경의 문제를 평소보

다 더 많은 시간을 들여 해결하려 노력하는 것이다.

그렇다면 어떤 것이 생각이고, 어떤 게 고민이 될까?

많은 사람이 하는 생각과 고민, 이 둘 사이의 밀당(밀고 당기기) 사이에는 어떤 차이가 있을까? 고민을 통해서 논리적이고 생산적인 생각을 할 수 있을까?

『로지컬 씽킹의 기술』이라는 책에서는 '생각'은 문제를 해결할 수 있는 프로세스가 있는 상태이며 '고민'은 문제를 해결할 수 있는 프로세스가 없는 상태라고 말하고 있다.

생각은 발전 가능성이 높다. 다시 말해서 생각은 문제 해결 프로세스가 있기 때문에 머릿속에서 끊임없이 움직이게 된다는 것이다.

즉, 문제가 발생했을 때 문제를 해결할 수 있는 프로세스가 있는지, 없는지에 따라 생각과 고민의 차이가 나타나게 된다.

고민과 생각의 차이는 『세계의 엘리트는 왜 이슈를 말하는가』에서도 말하고 있다.

이 책에서는 고민에 대해서는 '답이 나오지 않는 것을 전제로 생각하는 척'을 하는 것이라고 말하고 있다.

반대로 생각에 대해서는 '답이 나올 것을 전제로 건설적인 생각을 조립하는 것'이라고 말하고 있다.

고민은 당신이 생각이라고 믿고 있지만, 실제로는 답이 없거나 안 나오는 것을 붙잡고 결론을 만들어 내려 하는 것이다.

10분 이상 진지하게 생각했는데 쉽게 결론이 나지 않는다면 일단 멈추는 편이 좋다.

왜냐하면 그것은 생각이 아니라 고민일 가능성이 높기 때문이다.

이런 상황은 문제를 해결할 수 없는 상황이며 시간이 흘러 결국 부정적인 상황을 만들게 된다.

답이 없는 고민은 발전 가능성이 없거나 굉장히 낮다. 새롭거나 창의적인 생각이라고 할 수 없다.

생각이 '지금'과 '내일', '미래'를 향하고 있다면 고민은 이미 지나간 '과거'를 향하고 있다. 지나간 과거는 사람의 힘으로 바꿀 수 없다. 과거를 생각하고 신경을 쓴다는 것은 그 자체로 시간 낭비이며 집착에 불과하다.

고민은 우리가 투자한 시간 대비 수익률을 따졌을 때

0%에 가깝다.

또 문제를 해결할 프로세스가 없는 고민은 생각이 없다는 말과 같다.

고민을 잘한다고 해서 상황이 나아지거나 발전된 모습을 기대하기는 어렵다.

결국 고민을 자주 하는 것은 자신을 부정적인 상황에 노출시킬 가능성만 높이게 된다.

그에 비해서 생각은 발전 가능성이 높다.

'답'을 찾아내는 것. 그것이 생각이다.

프로세스를 만들고 그 안에서 하나씩 문제점을 찾고 해결 방안을 찾아내고 새롭게 시도한다. 생각은 프로세스가 될 수 있고 자신만의 업무 노하우를 더욱 고도화시킬 수 있다.

이것이 똑같은 시간을 투자해도 고민보다 생각을 할 때 그 결과가 다를 수밖에 없는 이유이다.

유한한 시간 속에서 생각과 고민의 밀당에 빠져 시간을 허비한다면 얼마나 아까운 일인가. 매일의 삶 속에서 우리는 생각과 고민을 구분해서 현명하게 살아야 한다.

결국 필자는 그동안 짜장과 짬뽕의 둘 사이에서 왔다 갔다 하며 투자 대비 수익률 0% 상품에 투자했던 것이다.

물론 어떤 선택을 하느냐에 따라 그날의 만족과 아쉬움으로 나뉘겠지만, 그마저도 요즘은 짬짜면이 나왔으니 더 이상 고민할 필요도 없어졌다.

짬뽕과 짜장을 고민하며 정신력을 낭비하기보다는 어떻게 하면 퇴근을 빨리할 수 있을까를 두고 생각하는 것이 좀 더 생산적이다.

어깨를 펴고
생각하라

"고개를 들어라. 각도가 곧 태도다."

- 프랭크 시내트라(Frank Sinatra, 1915~1998년)

많은 사람이 오해하는 것이 있다.

변화를 위해선 특별한 그 무언가가 있어야 한다고 생각한다는 것이다.

자신이 원하고 바라는 것을 이루기 위해선 그것이 습관, 돈, 인맥 등 그 무엇이든 특별한 뭔가가 갖춰져야만 한다는 생각 말이다. 물론 이런 것들이 필요 없는 것은 아니다. 단지 이런 것들은 덜 수고롭고, 신경을 덜 쓰며 시간도 절약할 수 있게 도움을 줄 수 있는 정도이다. 하지만 이런 특별한 뭔가가 없어도 지금 당장 변화를 시작할 수 있다.

바로 당신이 지금 이 책을 읽고 있는 자세, 잠깐 화장실을 갈 때 걷는 걸음걸이만 바꿔도 변화는 시작된다.

돈, 좋은 인맥, 환경을 탓하기 전에 지금 당장 어깨를 펴고 똑바로 서라.

자세 하나를 고치는 것만으로도 마음가짐이 달라진다. 허리를 구부정하게 굽히지 말고 쭉 펴고 힘 있게 걸어라. 힘 있게 걷는 것만으로도 자신감과 힘이 생긴다.

지구상에서 직립보행을 하는 동물은 사람밖에 없고, 사람은 똑바로 서 있는 모습을 할 때 가장 자연스럽다.

바르게 서서 걸을 때 우리는 생각보다 몸의 근육을 많이 사용하게 된다. 그중에서도 머리가 자극을 받게 되고 다리 근육에 힘이 들어가게 되며 근육의 수축과 이완의 반복을 통해 혈액 순환이 이뤄져 집중력이 향상된다.

더불어 어깨를 펴고 똑바로 걸을 때 척추도 곧아질 뿐만 아니라 근력의 사용도를 높여 줘 운동 효과를 볼 수 있다.

이렇게 똑바로 서서 걷는 자세 하나만으로 육체적인 건

강과 정신 건강을 챙길 수 있기에 최근에는 다양한 회사에서 사무실에서 앉아서 구부정한 자세로 근무하는 것보다는 똑바로 서서 근무하는 것을 권장하고 있다.

어떤 상황 가운데서 자기 생각과 뜻대로 되지 않을 때, 실패를 경험했거나 자신감이 없는 사람은 늘 고개를 숙이며 어깨가 처지게 된다.

내가 필요 없는 사람 또는 영향력 없는 사람이라는 생각을 하고 스스로 별 볼 일 없는 사람이라며 실망하게 된다.

심리적으로 위축된 모습은 우리 자신도 모르게 서서히 약자가 되도록 만든다. 아니, 만들어져 가는 것이다.

사람은 누구나 자신을 낮게 보거나 자신의 가치를 의심한다. 자신의 부족함과 결점은 누구보다 스스로 제일 잘 알기 때문이다. 이러한 점 때문에 사람은 누구나 자신을 평가절하하거나 자신을 부정한다.

자신을 부정에서 긍정으로 끌어올리는 데는 꽤 많은 시간과 노력이 필요하다.

어깨를 펴고 자신감 있는 눈빛으로 정면을 응시하며, 힘 있는 걸음걸이는 당신을 심약하고 별 볼 일 없는 사람이라는 자기혐오에서 빠져나오게 한다.

어깨를 펴고 똑바로 걸어라.

이미 서두에서 말했지만, 걷기만 해도 자신감을 가질 수 있다.

고개는 땅을 바라보며 어깨는 축 처진 채로 구부정한 자세로 힘없이 걷는 모습을 사람들이 본다면 당신을 별 볼 일 없는 사람으로 보게 된다. 바로 당신이 두려워했던 별 볼 일 없는 사람으로 비친다는 말이다. 그렇게 보이지 않기 위해서는 지금 당장 어깨를 펴라.

고개는 정면을 바라보며 꼿꼿이 세운 허리로 힘 있게 걷는다면 사람들은 당신을 자신감 있고 당당한 사람으로 달리 보게 된다.

당신을 함부로 보거나 수가 낮은 사람으로 보는 것이 아니라 당신의 당당한 태도에 맞게 대우하게 된다. 변화를 위해서 당신이 행동해야 할 첫 번째는 자세부터 반듯하게 바로잡아야 한다는 것이다.

구부정하고 힘없는 자세를 당장 버리고 허리를 쭉 펴고 정면을 바라보며 걷는 연습을 해라. 자세만 바르게 잡아도 내면에서부터 자신감이 생기기 시작한다.

평소에 당신이 두렵게 생각하는 것 역시 자세만 바르게 잡아도 상당 부분 사라지게 된다.

당신이 지금보다 더 나은 사람이라는 것을 생각하며 한 걸음, 한 걸음씩 힘 있게 걸어라. 당당한 걸음에 자신감이 생기고 외부에서 당신을 바라보는 시선 역시 달라질 것이다.

지금 구부정한 자세를 하고 있다면, 어깨를 펴고 당신이 원하는 바를 생각하라.

어느새 달라진 당신의 모습을 보게 될 것이다.

고민하지 말고
상상하라

"상상할 수 있는 모든 것은 실현 가능하다."

- 파블로 피카소(Pablo Picasso, 1881~1973년)

2009년 세계 영화 시장에 한 획을 그었던 영화.

27억 8,800만 달러의 흥행 수입. 3D 영화로는 유례없는 흥행과 파장을 일으켰으며, 영화가 개봉 직후 대한민국을 비롯한 전 세계가 3D 영화에 열광케 했던 영화. 바로 〈아바타〉이다.

더 놀라운 일은 세계 최초로 20억 달러의 흥행 수익을 거둔 〈타이태닉〉도 같은 감독의 작품이라는 것이다. 이 감독의 이름은 바로 제임스 캐머런(James Cameron, 1954년~) 감독이다.

제임스 캐머런 감독은 〈아바타〉, 〈터미네이터〉, 〈타이

태닉〉 등 세계적으로 유명한 영화를 만들어 냈다. 제임스 캐머런 감독이 이렇게 유명하고 재미있는 영화를 만들어 낼 수 있었던 비밀은 무엇일까?

제임스 캐머런 감독은 영화를 잘 만들어내기도 했지만, 감독이 되기 이전에는 상상을 즐겨 했다.

책을 읽으면서 상상했고 자연을 거닐며 상상했다. 한 마디로 그는 상상 전문가였다.

상상할 때 그는 남들의 시선은 생각하지 않았다.

그것이 불가능하고 비현실적인 일이라는 생각은 하지 않았다. 자신의 머릿속을 스크린으로 사용하며 자신이 읽었던 책과 알고 있던 과학 그리고 자연을 마음껏 자유롭게 상상했던 것이다.

제임스 캐머런은 "호기심이야말로 우리의 가장 강력한 무기이고, 상상력은 그것을 실현할 수 있는 힘이다."라고 말한다.

제임스 캐머런 감독이 상상 전문가라면 스티브 잡스 (Steve Jobs, 1955~2011년)는 상상의 달인이라고 할 수 있다.

그는 삶에 있어서 항상 더 나은 것을 생각했다.

예를 들면 '불편함에서 편함으로'와 관련된 것들이었다. 전화, 문자가 기본 기능이라는 큰 틀에서 벗어나지 못했던 휴대폰에서 인터넷, 음악, 게임, 뱅킹 등 생활 편의 기능을 한꺼번에 이용할 수 있게 만든 스마트폰이 그것이다.

그는 당연한 생각에서 벗어나 전혀 어울리지 않는 것을 서로 연결했을 때의 조화를 상상했다. 즉, 제임스 캐머런, 스티브 잡스가 이룬 업적의 기반은 상상에 있다고 해도 과언이 아니다.

하지만 상상하는 것 역시 힘들다고 생각할 수도 있다.

지금 아무것도 할 수 없고 가슴을 큰 돌덩이가 누르고 있는 것 같은 심정의 사람들도 분명 있을 것이다. 하지만 필자가 자신 있게 말할 수 있는 것은 상상하는 것보다 더 쉬운 일은 없다는 것이다.

지금 당장 답을 찾아내라는 것이 아니다. 상상은 규칙이나 방법이 없다.

그럴 필요도 없고 이유도 없다. 굳이 제한된 사고를 할 필요 역시 없다.

현재의 상황은 무시하라!

당신의 상상이 천문학적인 돈과 미래의 발전된 기술이 필요하다고 해도 가능한 것이 바로 상상이다. 상상은 씨앗이다. 자신의 계획과 꿈의 씨앗은 바로 상상이다.

상상할 때 필요한 것은 자신이 총감독이 되어서 머릿속에서 그림을 그려 보는 것이다.

돈 한 푼 들지 않는 이 상상을 우리는 어렸을 때만 하는 것으로 생각한다.

또는 꼭 이룰 수 있고 현실적으로 가능한 것이어야만 한다고 생각하기 일쑤다.

많은 사람이 어렵게 상상을 시작해 봤다가도 허무맹랑한 이야기에다가 절대 이루어질 수 없는 일이라며 이내 손사래 치며 현실로 돌아오곤 한다.

누구나 힘든 순간은 있다. 필자 역시 말로 표현하기 어려울 정도로 심적으로 어려웠던 적이 많았다. 그것은 사업을 하기 전이나 후나 마찬가지였다.

힘든 순간에 직면했을 때 필자가 했던 일은 더 좋은 상상을 하는 것이었다. 그 상상들이 하나둘씩 모여 지금 필자가 운영하는 회사가 되었다.

상상은 어린아이만 하는 것이 아니며 특별한 능력이 필요한 것도 아니다. 남녀노소 누구나 할 수 있다.

상상하라. 매일매일 상상하고 꿈에서도 상상하라.

상상이 더해질 때 이루고 싶은 현실이 된다.

당신이 생각했던 것보다 상상은 삶의 재미를 더해 준다.

게다가 상상은 생각으로 바뀌어 곧 프로세스를 갖추게 된다.

실패한 상상이란 없다. 이룰 수 있는 상상만 한다면 어디 그것이 상상이겠는가.

03

질문

돈을 부르는
질문의 힘

질문이
기회를 만든다

"질문이 정답보다 중요하다. 곧 죽을 상황에 처했고, 목숨을
구할 방법을 단 한 시간 안에 찾아야만 한다면, 한 시간 중
55분은 올바른 질문을 찾는 데 사용하겠다. 올바른 질문을
찾고 나면, 정답을 찾는 데는 5분도 걸리지 않을 것이다."

- 알베르트 아인슈타인(Albert Einstein, 1879~1955년)

　흔히들 대화에 있어서 중요한 것은 경청이라고 한다. 경
청하는 시간이 말하는 시간보다 더 중요하다는 것이다. 필
자 역시 이 말을 부정하지는 않는다. 단지 적절한 끼어들기
(?)가 필요하다고 말하고 싶을 뿐이다.

　대화에 있어서 상대방이 말하는 도중에 하는 말을 자르
고 끼어든다면 그것은 좋은 대화 스킬이 아니다. 단순히
말을 자르고 끼어드는 것보다 필자의 경우에는 경청을 기

준으로 말하는 도중에 질문을 한다.

얼핏 좋은 대화 스킬이 아니라고 생각할 수도 있지만, 좋은 대화의 기술은 하나만 있는 게 아니다.

처음부터 끝까지 듣고나서 내가 하고 싶은 말을 하려고 할 때는 이미 말하고 싶은 내용을 잊어버리는 경우가 빈번하게 발생한다. 그렇다고 매번 말하고 있는 상대 앞에서 필기도구를 찾아서 메모를 하기도 쉽지 않은 상황이다. 그뿐만 아니라 필자는 사업을 하는 사람이다 보니 시간이 풍족한 경우가 굉장히 드물다. 직원들과의 회의나 비즈니스를 하는 자리에서는 끼어들기(질문)를 종종 한다. 상대방의 말의 주제가 마무리되어 가는 시점이나 다른 주제로 넘어가려는 그 순간에 상대방의 기분이 상하지 않도록 최대한 정중하게 질문을 던진다.

필자가 질문에 민감한 이유는 질문이 바로 기회를 만들기 때문이다.

우리가 사는 지금 이 세상은 질문으로 만들어진 문명이다.

"태양이 움직이고 있을까, 지구가 움직이고 있을까?"를 말한 코페르니쿠스(Nicolaus Copernicus, 1473~1543년)의 말처럼 질문이 없다면 새로운 답은 만들어질 수 없다.

질문이 없다면 더 이상 새로운 생각과 노력을 하지 않게 된다.

질문은 기회를 만드는 동시에 좀 더 깊은 생각으로 이끌게 만드는 도구가 되어 준다.

필자는 대화 중간에 간단한 질문을 했을 경우 상대로부터 내가 원하는 긍정적인 결과를 가져온 적이 많다. 대화에 있어서 질문을 했을 때 우리가 얻을 수 있는 장점은 크게 세 가지가 있다.

첫째, 한 사람만 일방적으로 자기 말만 하고 있고 또 한 사람은 수동적으로 듣기만 한다면 자칫 대화가 재미없어질 수 있다. 또는 당신의 이야기에 관심이 없다는 의도로 상대에게 전달될 수 있다.

대화 중의 적절한 질문은 이야기에 관심을 가지고 있고 집중해서 참여하고 있다는 생각을 심어 줘 상대로부터 호감을 느끼게 만들어 나를 돋보이게 만든다. 말하는 사람이 앵무새처럼 자기 말만 하는 것이 아니라 상대로부터 적절한 질문을 받게 되면 기분 좋은 대화를 이끌 수 있게 된다. 또 상대방이 자기만 말한 것 같아 민망하게 느껴지지 않게 할 수 있게 된다.

둘째, 일부러 상대방을 곤란하게 만들려는 악의적인 질문이 아니라면 질문은 양질의 대화를 만드는 촉매제와 같다. 질문이 없고 서로 자기 말만 한다면 대화의 주제에 있어서 서로 겉도는 상황이 벌어지기가 십상이다.

질문으로 인해 좀 더 깊이 있는 대화로 들어갈 수 있다.

셋째, 질문이 있어야 더욱 그 대화의 주제에 관심을 가지게 된다. 관심 밖의 주제라 할지라도 일단 질문을 하게 되면 그 주제에 관심이 가기 마련이다. 상대가 내가 말하고자 하는 것에 관심을 보인다면 그 대화는 말하는 사람이나 듣고 있는 사람 모두 기분 좋은 대화가 될 수 있다. 상대방 역시 '이 사람이 지금 이 주제에 흥미와 관심이 있구나'라고 생각하게 된다. 이런 대화는 보통 사업에서 더욱 필요하다. 내가 잘 모르는 사업 분야라 할지라도 질문을 통해 좀 더 새로운 분야를 알 기회와 상대로부터 좋은 호감을 느끼게 만들어 또 다른 사업의 기회 창출을 엿볼 수 있게 되는 것이다.

질문의 수준이 곧 생각의 수준이며 생각의 물꼬를 트이게 만드는 도구이다.

질문하는 가운데서 스스로 답을 찾고 새로운 생각과 아이디어가 만들어진다.

혁신의 아이콘으로 불리는 아이폰. 아이폰은 '왜?'라는 질문에 의해 시작되었다.

"왜 전화기에 이런 기능이 필요한가?", "왜 이렇게 디자인해야 하는가?" 결국 "왜 우리는 아이폰을 만들어야 하는가?"와 같은 질문을 통해서 나오게 된 것이다. 질문을 통해 애플과 아이폰은 지금까지 '혁신'이라는 단어가 수식어로 쓰이고 있다. 같은 답만 생각해서는 절대 새로운 생각이 자리 잡을 수 없다. 정답이 아닌 질문은 생각의 근력을 키우는 힘을 갖게 하며 전에 없던 또 다른 생각을 만든다.

질문은
핵심을 찾게 한다

"'질문하라!' 이것이 오천 년 유대 교육의 비밀이다."

- 마빈 토케이어(Marvin Tokayer, 1936년~)

2010년 9월, G20 서울 정상 회의 폐막식에서 있었던 일이다.

버락 오바마(Barack Obama, 1961년~) 미국 대통령이 "한국 기자들에게 질문권을 하나 주고 싶군요. 정말 훌륭한 개최국 역할을 해 줬으니까요. 누구 없나요?"라고 말했다.

일순간 정적이 흐르고, 오바마 대통령은 다시 질문을 요구했다.

이때 한 명의 기자가 오바마 대통령에게 손을 들어 질문했다.

"실망하게 해드려 죄송합니다. 저는 중국 기자입니다. 제가 아시아를 대표해서 질문을 던져도 될까요?"라는 그의 말에 오바마는 "공정하게 말해서, 저는 한국 기자에게 질문을 요청했어요."라며 거절의 의사 표시를 전했지만, 그 중국 기자는 곧바로 "한국 기자들에게 제가 대신 질문해도 되는지 물어보면 어떨까요?"라고 말했다. 난감한 상황에 빠진 오바마가 "그것은 한국 기자가 질문하고 싶은지에 따라서 결정되겠네요. (질문할 사람) 없나요? 아무도 없나요?"라고 물었지만, 아무도 답하지 않았다. 결국 그 질문권은 중국 기자에게 가고 말았다.

당신이 한국 기자로 그 자리에 있었다면 어땠겠는가? 당신이라면 손을 들어서 중국 기자에게 넘어갔던 질문권을 도로 가져올 수 있었겠는가?

왜 질문을 하지 않을까? 그것은 절대적인 연습 부족 탓이다. 그렇다면 왜 우리는 질문하는 연습을 하지 않았을까? 질문의 중요성을 제대로 몰랐고 질문을 위해 연습이 필요하다는 인식 자체를 알지 못했기 때문이다.

필자는 모르는 것은 모른다고, 아는 것은 안다고 말한다.

모르는 것은 모른다고 말하며 이해할 수 있을 때까지 질문했다. 이 같은 성격 탓에 질문하는 연습이 이뤄졌다. 그러나 대부분의 사람은 무언가에 대해 쉽게 질문하지 않는다.

모르는 것을 모른다고 말하는 것은 용기다. 많은 사람이 모르는 것에 대해 자신만 모른다고 생각하고 당당하게 말하지 못한다. 모르는 것을 부끄럽게 생각하고 있다. 하지만 그것은 부끄럽게만 여길 것이 아니다. 심한 경우에는 말하는 사람도 당신이 모르는 것에 대해 모르는 경우도 있다.

그럼에도 불구하고 많은 사람이 질문을 하지 않는다.

남을 지나치게 의식하는 우리나라만의 문화도 이러한 현상에 한몫을 한다.

'내가 너무 튀는 행동으로 사람들의 눈총을 받지는 않을까?', '내가 질문하면 건방져 보이지는 않을까?', '괜히 나 때문에 곤란해하면 어쩌지?', '다 아는데 내가 너무 당연한 걸 물어보는 건 아닐까?' 이런 생각으로 눈치 보며 궁금해도 질문을 제대로 해 왔던 적이 별로 없었던 것이다.

한국 기자들이 침묵으로 인해 중국 기자에게 질문권을 넘겨준 것은 배려도 아니고 예의도 아니다.

"우주가 커지면 그걸 재는 자도 커지나요?"

당신이라면 이 질문에 어떻게 대답할 것인가?

이 질문은 카이스트(KAIST)에서 열린 ASC(Asian Science Camp)에서 나왔던 질문으로 '최고의 질문(Best Question)' 중 하나였다. 누구나 당연하다고 생각하는 것을 당연하게 넘기지 않았던 것이다.

이처럼 질문으로 인해 상황을 조금 더 새롭고 깊게 바라볼 수 있게 된다.

대화에 있어서도 질문은 당신이 원하는 것이 무엇인지 정확하게 알게 해 준다.

더불어 말하는 사람이 듣고 있는 모든 이에게 지금 어떤 것을 이야기하고 있는지 정확하게 알게 해 준다.

질문할 때는 왜(Why)와 방법(How)을 생각하면 된다. '왜' 라는 질문과 '어떻게'를 생각할 때 바로 핵심을 볼 수 있기 때문이다.

"왜 지금 이 아이템으로 사업을 진행해야 하죠?"

"소비자들은 이 아이템을 정말 좋아하나요?"

"그럼 그 제품은 어떻게 마케팅을 할 생각이죠?"

필자가 운영하는 회사는 생활 가전을 수입·제조·유통하

는 회사다.

회의 중에 모두가 예상치 못한 질문을 한 직원에게는 정말 큰 격려와 박수를 보낸다. 이렇게 회의에서 얼마나 수준 높은 질문이 나오느냐에 따라 그달의 매출이 오르기도 하고 내리막길을 가기도 한다.

필자는 질문이 가져다주는 힘을 안다.

질문했을 때는 뇌가 바뀐다. 질문이라는 것 자체가 뇌의 사고 체계를 바꾸는 행위다. 보이지 않는 부분을 찾는 것이며 새로운 모습을 보고 만드는 창조적인 행위라 할 수 있다.

그렇기 때문에 필자는 회의 시간에 서로 질문을 많이 하라고 권한다. 상대방을 비난하거나 약점을 잡기 위한 질문이 아니라 서로의 발전을 위한 질문을 하라고 말한다. 질문하기 위해서는 짧은 회의 시간이라도 집중해야 하며 회의 내용에 대해 깊게 생각할 수밖에 없다. 회의를 이끄는 사람 역시 질문받을 것을 예상해서 자료 조사를 더 철저히 할 수밖에 없다.

질문을 하거나, 질문을 받을 때 뇌는 자극받게 된다. 핵심을 바라보게 되며 답을 찾기 위해 노력하게 된다.

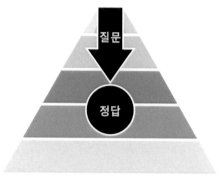

질문의 기능

질문하는 문화 역시 달라져야 한다.

질문하는 사람을 비난하거나 수준 낮은 사람으로 몰아 가서는 안 된다.

질문하는 사람이야말로 용기 있는 사람이며 남들과 다른 새로운 면을 발견한 사람으로 인정할 줄 알아야 한다.

질문을 받는 사람은 질문자에 대해 건방지고 당돌하다 고 생각할 것이 아니라 고마워해야 하며 너그러이 이해하 며 받아들일 줄 아는 문화가 정착되어야 한다.

어떻게
질문할 것인가

질문을 품은 사람은 행복하다.

> "자기 안에 물음표가 없어서 아무것도 묻지 못하는 사람은
> 건전지를 넣고 단추를 누르면 그냥 북을 쳐대는 곰 인형과
> 다를 것이 없어."
>
> - 이어령, 『생각 깨우기』 中

보통은 문제가 중요하다고 생각하지만, 문제보다 더욱 중요한 것은 본질이다.

미국 워싱턴에 있는 토머스 제퍼슨 기념관에서 있었던 일이다.

토머스 제퍼슨 기념관의 대리석이 어느 순간부터 심하게 부식되기 시작했다.

기념관의 이미지는 시간이 갈수록 나빠졌다. 방문객들

은 점점 떠나기 시작했고 민원은 넘쳐났다. 값비싼 대리석으로 바꿔도 부식은 여전했다.

이를 이상하게 여긴 기념관장은 대리석이 이유 없이 부식되는 이유를 물었고 세제로 자주 닦았기 때문이라는 사실을 알게 되었다.

기념관장은 그렇다면 왜 세제로 자주 대리석을 닦는지에 관해서 물었고 많은 비둘기의 배설물로 인해서 그렇다는 걸 알게 되었다.

"왜 기념관에 비둘기가 많지?" 관장은 질문했고 조명 때문이라는 사실을 알았다.

해가 지기 전에 주변보다 조명을 먼저 켜서 거미의 먹이인 나방이 불빛을 보고 몰려들었기 때문이다.

여기서 관장은 조명을 일찍 켜는 이유에 관해서 물었고 그 이유에 대해서 알게 되었다.

기념관 직원들이 일찍 퇴근하기 때문이었다. 답을 얻은 기념관장은 조명을 켜는 시간을 늦춤으로써 대리석의 부식을 근본적으로 막았다. 더불어 부식으로 인해 발생하는 잠정적인 손해를 막을 수 있었다.

사실 평소에 질문만 잘해도 문제를 해결하고 경제적 손실을 막을 수 있다. 토머스 제퍼슨 기념관의 기념관장처럼 말이다.

질문하는 방법은 한 가지가 아니다. 이미 여러 질문하는 방법이 알려져 있고 책의 지면에 한계가 있어, 필자는 열린 질문과 닫힌 질문으로 이야기하겠다.

질문은 생각을 열리게 하는 열린 질문과 반대로 더 이상 생각이 필요 없는 닫힌 질문이 있다.

생각을 열리게 하는 열린 질문은 "네/아니요"로 쉽게 말하고 끝낼 수 없는 질문을 말하며 '어떻게(How)'가 들어간 질문이다.

"비가 내리면 어떤 생각을 하나요?", "대중교통을 이용하면 어떤 점이 좋아요?"

열린 질문은 깨달음을 주며 대화 자체가 재미가 있다.

반대로 생각을 더 이상 할 필요 없는 닫힌 질문은 "네/아니요"와 같이 간단하고 쉽게 끝나는 질문을 말한다.

"그 영화 재미있나요?"와 같은 질문이다. 닫힌 질문은 핵심으로 가지 않고 빙 둘러서 가는 것과 같으며 질문을 위한 질문으로서 의미가 없고 자칫 대화 자체를 무겁게 만든다.

닫힌 질문을 자주 한다는 것은 평소에 질문을 자주 해 보지 않았다는 걸 말한다. 또한, 연습 역시 해 보지 않았다는 걸 알 수 있다.

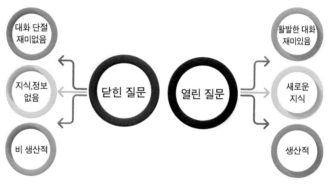

질문의 종류

질문을 하기 위해서는 평상시에 적절한 연습이 필요하다. 질문을 하는 데 무슨 연습까지 하느냐고 말하는 독자도 있을지 모르겠다. 하지만 좋은 질문은 좋은 답을 부른다. 즉, 좋은 결과물을 만들어 낼 수 있게 된다. 그렇기 때문에 평상시에 연습이 안 된 즉흥적인 질문은 좋은 답을 기대하기 어렵다.

필자가 질문을 위한 연습으로 하는 방법은 꼬리에 꼬리를 무는 방법이다.

"'밥'이 뭐지?'

'먹어야 한다는 건 무슨 뜻일까?'

'밥을 못 먹는 날은 내 탓인가, 남 탓인가?'

'그렇다면 아예 밥을 안 먹을 수는 없을까?'

'밥을 먹을 수 있는 상황을 만들어 주는 것은 뭐지?'

필자는 이렇게 꼬리에 꼬리를 무는 질문 연습을 통해 일상생활에 활용하곤 한다. 눈치 빠른 사람은 예상했을지도 모르겠다. 이 방법은 어린아이가 엄마에게 '왜?'를 남발하는 것과 같은 방식이다.

명심하라!

좋은 회의 대화에는 반드시 좋은 질문이 있기 마련이다.

좋은 질문은 어떤 솔루션보다 더 좋은 해결책을 당신에게 가져다줄 것이다.

돈을 부르는 질문

"모든 일에 질문을 던지는 성격 덕분에 지금의 성공을 이룰 수 있었다. 나는 통념에도 의문을 품었고, 전문가들의 말에도 질문을 던졌다. 이런 성격 때문에 부모님과 선생님들이 고생이 많았다."

"그러나 이는 인생에서 꼭 필요한 성격이다."

- 오라클 창업 회장, 래리 엘리슨(Larry Ellison, 1944년~)

출시되는 제품들이 가격 대비 성능이 좋아 '대륙의 실수'로 불리게 된 중국의 유명한 대표 기업이 있다. 바로 샤오미다. 샤오미가 유명세를 얻게 된 이유는 바로 세계적인 기업의 제품들을 모방했기 때문이다.

대표적인 제품이 바로 휴대폰이다. 샤오미는 삼성의 갤

럭시, 애플의 아이폰 등을 모방했다. 처음에 샤오미를 이야기할 때는 항상 '짝퉁'이라는 말이 따라붙었다. '짝퉁 갤럭시', '짝퉁 아이폰' 등. 하지만 지금의 샤오미는 2014년 2분기에는 삼성전자를 누르고 중국 스마트폰 시장에서 1위를 차지했고 애플은 5위권 밖으로 밀려났다.

단순히 모방과 베끼기에만 열을 올렸다면 샤오미는 여전히 '짝퉁'이라는 딱지를 떼지 못했을 것이다. 그러나 그들은 최고를 모방하면서 자신들만의 생각을 넣었다. 베끼는 것에 질문이 더해진다면 새로운 것이 된다.

다른 사람의 생각과 기업의 제품을 그대로 베끼는 것은 옳지 않다. 성공 가능성 역시 크지 않다. 남의 것을 모방했지만 자신만의 아이디어와 생각을 결합할 때, 성공 가능성은 커진다.

자신만의 아이디어와 생각은 질문으로 만들 수 있다.

세계적인 기업인 월마트의 샘 월튼(Samuel Moore Walton, 1918~1992년)은 자신의 자서전에서 "내가 한 일의 대부분은 남이 한 일을 모방한 것이었다."라고 말했다.

이 시대 혁신의 아이콘인 스티브 잡스 역시 미국 PBS의

한 방송에서 이렇게 말했다.

"우리는 위대한 아이디어를 훔치는 걸 부끄러워한 적이 없습니다."

새로운 것을 개발하고 기존의 것들을 좀 더 업그레이드 하기 위해 남들의 생각과 제품을 모방했다는 것이다. 더불어 모방에 대해 부끄러워하지 않는다고 말했다.

다만 스티브 잡스는 "최고의 것들을 당신이 지금 하는 것 안으로 가져와야 한다."라고 힘주어 말했다.

피카소는 말했다. "저급한 자는 베끼고 위대한 자는 훔친다." 단순히 남의 것을 표절하고 모방하라는 소리가 아니다.

다시 한번 말하지만, 단순히 모방하고 베끼는 것은 나쁘다.

그러나 당신의 생각과 새로움이 더해지면 그것은 기존에 없던 제품이 된다. 새로운 제품으로 탄생하는 것이다. 우리는 급변하는 환경에서 변화의 속도를 따라가기에도 벅차다. 정말 하루가 다르게 배워야 할 것들이 쏟아져 나오고 있으며 어제의 정보가 오늘도 똑같이 정보로서의 가치가 유지되지 않는 세상이다. 매일 새로운 것에 집착하는 것이 아니라 이전의 생각, 기술, 경험을 가지고 변화시키려는 노력이 필요하다.

"왜 선풍기에 꼭 날개가 있지?"

"아니, 그게 무슨 소리야?"

"왜 선풍기는 꼭 날개를 써야 할까?"

"그건 선풍기니까 당연히…."

전기를 사용한 최초의 선풍기는 1882년에 발명됐다. 날개를 이용하는 방식은 127년간 변하지 않았다.

'영국의 스티브 잡스'로 불리는 제임스 다이슨(James Dyson, 1947년~)이 만든 날개 없는 선풍기가 나오기 전까지 선풍기의 핵심은 바로 날개였다. 많은 사람이 날개 없는 선풍기는 상상조차 하지 않았다.

선풍기의 날개 없이도 시원한 바람을 만들겠다는 생각이 무려 127년간 이루어지지 않았다.

선풍기의 핵심은 날개와 모터가 당연하다는 생각이 127년간 이어져 왔던 것이다.

사람들은 한 번 당연하게 느낀 사실에 대해서는 그것에 대해 별다른 의심이나 틀을 깨려 하지 않는다. 아니, 그 이유 자체를 느끼지 못하고 살아간다.

하지만 "왜 선풍기에 날개가 있지?"라는 질문 한 번으로 127년을 이어온 당연한 것의 고정관념이 깨졌다.

월트 디즈니의 에드윈 캣멀(Edwin Catmull, 1945년~) 사장은 많은 회의를 하지만 생산적이고 기발한 아이디어가 없다는 것이 늘 고민이었다. 어떻게 하면 직원들이 서로 좋은 생각과 아이디어를 나눠 결과물을 만들지를 계속 생각했다. 그는 이렇게 질문했다.

"왜 이렇게 긴 테이블에서 회의해야 하지?"

그는 긴 직사각형의 테이블이 아니라 정사각형의 테이블에서 회의할 것을 요구했고 얼마 지나지 않아 디즈니 애니메이션은 〈라푼젤〉, 〈겨울 왕국〉 등으로 재기했다. 질문 하나로 말이다.

세상에 당연한 것은 없다.

PART 04

몰입

고민하지 말고
몰입하라

목표가
에너지다

"나는 무언가를 철저하게 이해하고 싶을 때마다 질문을 한다.

다른 사람이 아니라 나 자신에게.

질문은 단순한 말보다 더 깊은 곳까지 파헤친다.

말보다 열 배쯤 더 많은 생각을 이끌어낸다."

- 윌리엄 제임스(William James, 1842~1910년)

아마 당신은 이 장의 제목만 보고 가늘게 뜬 눈으로 진부한 소재가 나왔다며 벌써부터 지루해할지도 모르겠다. 당신이 그렇게 생각한다고 해서 그것이 잘못된 것은 아니며, 충분히 이해한다. 필자 역시 한때는 그런 생각을 가졌었다.

당신이 어디에 있으며 어떤 환경에 있는지는 중요하지 않다. 어떤 일을 하고 있는지도 중요하지 않다. 당신이 진정한 성공을 꿈꾸고 있고 꼭 이루고 싶은 마음이 있다면 진부할지도 모를 이 이야기를 잊지 말아야 한다.

결론부터 말하자면, 구체적이고 마음을 뜨겁게 해 줄 목표가 만들어지면 성공으로 가는 길이 열리게 된다.

예를 들면, 화학 공식이나 수학 공식과 같은 것이다. 복잡한 계산이라도 정확한 공식을 대입하면 답을 얻어낼 수 있는 것처럼 말이다. 성공도 마찬가지다. 목표가 있다면 당신만의 성공 공식을 만들게 되는 것이다. 이것은 오랜 세월 동안 이어져 온 명백한 역사이며 사실이다.

강하고 확고한 목표가 있다면 실패해도 일어설 수 있다.

목표가 아예 없거나 구체적이지 못하고 흐릿한 목표를 가지고 있는 사람은 그곳이 어디든 성공하기 어렵다.

강한 목표를 가져야 한다.

강한 목표란 구체적이고 명확한 목표를 말한다. 강한 목표는 말 그대로 당신의 행동력을 강하게 만들어 준다.

아버지와 함께 호주 오스트리아에서 미국 캘리포니아로 이민을 온 아널드 슈워제네거(Arnold Schwarzenegger, 1947년~)는 가난한 어린 시절을 보냈지만, 책상에 항상 세 가지 목표를 적어 놓을 정도로 꿈과 야망이 있었다.

그의 세 가지 꿈의 목록은 이렇다.

첫 번째, 영화배우가 되겠다.

두 번째, 케네디가(家)의 여인과 결혼하겠다.

세 번째, 2005년에 LA 주지사가 되겠다.

이미 모두 아는 바와 같이 아널드 슈워제네거는 이 세 가지 꿈을 다 이뤘다.

그를 대표하는 영화인 〈터미네이터〉는 아직도 후속작이 나오고 있을 정도다.

아널드 슈워제네거는 어떻게 꿈을 다 이루고 원하는 삶을 살 수 있었을까?

미래를 내다보는 어떤 특별한 능력이 있어서 세 가지 꿈이 다 이뤄질 거란 사실을 이미 알았던 것일까?

아무것도 가진 것 없이 성공한 사례로 짐 캐리(Jim Carrey, 1962년~) 역시 유명하다.

짐 캐리는 가난했던 탓에 늘 제대로 먹지 못했다. 하루에 햄버거 하나를 나눠서 끼니를 때우고 낡은 차 안에서 잠을 자며 공중화장실에서 씻는 날이 많았다.

그러던 중에 짐 캐리는 어느 날 할리우드가 한눈에 내려다보이는 가장 높은 언덕으로 올라갔다.

그리고 문구점에서 구입한 가짜 백지 수표에 천만 달러를 지급한다고 서명했다. 짐 캐리는 자신에게 지급한다고 서명한 그 백지 수표를 지갑에 넣은 뒤 수시로 꺼내 보며 목표를 되새겼다.

짐 캐리가 자신에게 주는 가짜 천만 달러를 지급했다고 해서 그 뒤로 힘들지 않았던 것은 아니다.

짐 캐리의 생활은 여전히 고단한 하루의 연속이었다. 하지만 자신의 천만 달러를 받는 그날을 떠올리면서 어려움을 참고 견뎠다.

그리고 마침내 1995년에 짐 캐리의 그날은 현실로 다가왔다. 영화 〈배트맨 포에버〉의 출연료로 진짜로 천만 달러를 받는 배우가 된 것이다.

아널드 슈워제네거와 짐 캐리의 공통점은 무엇이었을까? 그들을 성공할 수 있게 만들어 준 도구는 무엇이었을까?

아널드 슈워제네거와 짐 캐리의 힘든 시절을 생각하면 어쩌면 당신이 조금 더 나은 현실을 살고 있을지도 모른다. 힘든 상황 속에서도 그들이 그 상황에 굴하지 않고 일어설 수 있었던 이유는 그들에겐 목표가 있었기 때문이다.

반드시 이루고 싶은 강한 목표 의식이 그들을 성공의 반열에 오를 수 있게 만들어 준 것이다.

많은 사람이 자신이 도전에 실패했다는 생각이 들면 지금 하는 일을 포기하고 내려놓는다. 예상하지 못한 실패지만 그것이 성공으로 가는 통과 의례라고 생각하는 사람은 거의 없다. 가만히 생각해 보자. 세상에 공짜가 어디 있고 단 한 번도 실패하지 않고 살아가는 인생이 어디 있단 말인가. 누구나 수많은 실수와 실패를 경험한다. 실수와 실패를 겪지 않고 얻은 성공을 과연 진정한 성공이라고 말할 수 있을까? 그런 성공은 모래로 지은 성과 같아서 언제 무너져도 전혀 이상하지 않다.

성공해도 목표가 없다면 앞에서 말한 것처럼 언제라도

무너질 수 있는 모래성과 같다. 사방이 모두 보여 어디라도 갈 수 있었던 곳이 희미해지고 가려져서 한 발, 한 발 떼기가 두려워지기 시작한다.

혹시 아직도 그들이니까 그렇게 될 수 있었을 것이라는 바보 같은 생각을 하고 있는가?

성공은 꼭 돈만을 말하는 게 아니다. 하지만 세상에 많은 성공하지 못한 사람들은 수학 공식과도 같은 성공 방정식이 존재한다는 것을 알지 못하고 있다.

순간의 실패가 인생과 행복을 위한 과정이라고는 생각하지 않는다. 그저 이 상황을 반복할 뿐이다.

강한 목표야말로 자신이 원하는 것을 이룰 수 있는 방법이며 곧 성공으로 가는 에너지원이다.

D-day보다
V-day를 정하라

"별처럼 빛나는 젊음의 때에 꿈을 믿는다는 것은 얼마나
위대한 일인가.

그러나 그보다 더 위대한 일은 인생의 황혼 무렵에 이렇게
말할 수 있는 삶을 사는 것이라네.

'나의 꿈은 이루어졌노라.'"

- 작자 미상

누구나 자기 마음속 깊은 곳에 아무도 모르고 자신만
아는 비밀 이야기 하나쯤은 가지고 있다. 아무도 모르는
자신만의 비밀 이야기를 외부로 끄집어내서 이야기한다는
것은 상당한 용기가 필요하다.

왜냐하면 자신의 이야기가 말도 안 된다며 무시당하거

나 웃음거리가 되지는 않을까 하는 두려움을 이겨내야 하기 때문이다.

또, 자기 생각을 믿지 못하고 스스로 의심이 들어 쉽게 이야기하지 못하기도 한다. 혼자만의 생각을 꺼내어 괜히 듣지 않아도 될 이야기나 기분 상하는 상황을 만들 바에야 아예 처음부터 이야기하지 않는 것이다.

하지만 확신을 가지고 이미 이루어진 것처럼 생각하며 행동하는 사람들이 만들어낸 결과는 확연히 다르다.

가난한 집에서 태어나 24개의 대학을 세우고 미국이 경제 대공황에 빠졌을 때 나라에 돈을 빌려줄 만큼 엄청난 부와 영향력을 가졌던 사람.

세계에서 가장 많은 돈을 모았던 최고의 부자. 그가 바로 세계 최고의 부자 석유왕 록펠러(John Davison Rockefeller, 1839~1937년)다. 록펠러는 아주 어렸을 때부터 늘 이룰 수 없는 꿈을 마치 이미 이뤄진 것처럼 생각하며 행동했고 결국 자신의 꿈을 이뤘다.

또 다른 사람으로 23세에 사업 실패, 24세에 주 의회 의원 낙선, 25세에 또다시 사업 실패, 30세에 의장직 낙선,

32세에 대통령 선거 위원 낙선, 36세에 하원 의원 공천 탈락, 47세에 상원 의원 낙선, 48세에 부통령 낙선, 50세에 상원 의원 낙선 등의 경력을 가진 사람도 있다.

바로 미국 역사상 가장 존경받으며 흑인 노예에게 자유를 준 미국의 16대 대통령인 링컨(Abraham Lincoln, 1809~1865년) 대통령이다.

링컨 대통령은 실패했을 때 주변 사람들에게 "길이 약간 미끄럽기는 해도 아주 낭떠러지는 아니야."라며 자신의 꿈을 긍정적으로 생각하며 의심하지 않았다.

많은 사람이 꿈을 혼자만 간직한다. 그 꿈이 크고 웅장할수록 더 감추려고 한다. 하지만 꿈이 마음속에만 있으면 그 꿈은 그저 한낱 잘 꾼 꿈에 불과하다.

그러나 그 꿈을 믿고 세상에 알릴 때 비로소 현실로 한 발짝 다가가게 된다.

흔히 중요한 날 또는 예정된 날을 디데이(D-day)라고 한다.

D-day는 date나 day가 아닌 Decimal day의 약자로 군대에서 쓰였던 말이다.

제2차 세계대전 당시 노르망디 상륙 작전이 일어난 날에

공격 확정일을 정해 놓은 후 계획을 준비할 때 사용되었던 말이 현재 D-day라는 단어의 어원이다.

오늘과 내일, 즉 현재의 계획을 세우는 것도 중요하지만, 그 계획의 이루어짐을 믿는 것은 더 중요하다.

자신의 계획이 훗날 이루어짐을 믿느냐, 그렇지 않냐에 따라 그 결과는 천양지차다.

미리 이루어질 것을 선포하고 계획하는 사람은 엄청난 결과의 차이를 만든다.

가슴속 깊은 곳에 있는 자신만이 아는 이야기를 꺼내어 외부에 알리는 일은 그것만으로도 커다란 변화이다. 큰 성공을 이룬 사람들이 실패가 있어도 자신의 신념, 자기 마음속에 숨어 있는 힘을 믿었듯이 우리도 이미 시작된 변화에 대해 자신만의 계획과 믿음으로 하루를 살아가야 한다.

많은 사람이 현재의 계획은 잘 세운다. 어느 정도 계획의 중요성도 알고 있는 것 같다.

그러나 그 계획이 이루어질 것을 확신하고 계획하는 사람은 사실 별로 없다.

이룰 수 있다는 확신! 다시 말해서 계획한 바를 이룰 수 있다는 굳은 확신을 가져야 한다.

이제는 D-day가 아니라 승리의 날인 V(victory)-day를 미리 선포하고 계획하길 바란다.

당신이 말하는 것들에 확신을 가져야 하며 말투 역시 달라져야 한다.

"~될(할) 것이다."가 아니라 "~된다."라고 말해야 한다. 앞의 "~될 것이다."는 영어로 'ing'와 바람을 담고 있지만, "~된다."라는 완성형으로 말해야 한다. 즉, 이미 그 바람이 이루어짐을 말하며 주변 사람들에게 확신을 갖게 만들어야 한다.

이것은 거짓말을 하며 생활하라는 것이 아니다. 스스로 약속을 다짐하고 주변 사람들에게는 내가 계획한 바를 이룰 수 있는 사람임을 각인시키는 것이다.

자신을 믿고 V-day를 선포하라.

단순히 지키지도 못할 거창한 계획을 세우고 집착하라는 소리가 아니다.

자신의 계획에 믿음을 가지라는 것이다. 믿음을 가지고 이뤄질 거라는 확신을 가지라는 것이다.

멀티보다 싱글

"획기적인 성과 향상의 비결은 단순화하고 집중하는
것이다."

- 공병호

컴퓨터로 음악을 들으며 인터넷을 하고 문서 작업을 동
시에 하는 것을 다중 작업, 즉 멀티태스킹(Multi-tasking)이
라고 한다.

언제부터인가 우리 사회는 여러 가지 일을 한번에 처리
하는 사람을 능력 있고 일 잘하는 사람으로 인정하기 시작
했다.

많은 사람이 자신의 라이프 스타일을 규정하는 데 있어
서 'Fast'와 'multi'를 기본으로 하고 살아가고 있다.

직장인들은 바쁜 업무 처리 와중에도 한 가지 일만 하는
것이 아니라 동시에 여러 가지 일을 처리해야 한다. 동시에

많은 과목에서 전부 좋은 성적을 받아야 하고 직장 맘들은 일과 육아 그리고 살림을 하는 와중에 눈치까지 보며 이 모든 것을 훌륭하게 해내는 시대를 살아가야 한다.

언제부터 우리 사회가 이렇게 바쁘게 살게 된 것일까?

멀티태스킹을 잘하는 것이 뛰어난 능력으로 비춰지고 여러 가지 일을 한번에 하는 멀티플레이어가 인정받는 사회가 되었다.

어쩌면 이는 우리의 빨리빨리 문화 때문인지도 모르겠다.

빨리빨리의 속도 지향적 문화는 곧 멀티태스킹이 능력이라는 유행을 만들기에 충분했기 때문이다.

얼른 일을 끝내고 쉬던가 아니면 또 다른 일을 해버리는 한국인의 급한 성격이 곧 능력처럼 보이게 된 것이다. 한번에 여러 가지 일을 하는 사람이 능력 있고 사회의 우수한 일원이라는 생각 말이다. 하지만 멀티태스킹에는 우리가 모르는 숨겨진 진실이 있다.

MIT 대학교의 얼 밀러(Earl Miller, 1962년~) 박사는 "우리는 어떤 일을 하면서 다른 한 가지 일에 집중할 수 없다. 그 이유는 그 두 가지 일 사이에 '개입'이라고 부르는 개념이 있기 때문이다. 사람들은 멀티태스킹을 잘 해낼 수 없다. 만약 자기가 멀티태스킹을 잘한다고 말하는 사람은 사실 스스로 착각에 빠져 있는 것이다. 우리 뇌는 자신을 속이는 데 굉장히 능숙하다."라고 말한다.

우리에겐 처음부터 멀티태스킹이 없었던 것이다. 그저 동시에 여러 가지 일을 한다고 착각했던 것뿐이다. 사람의 뇌는 한 가지 일에 집중하도록 만들어졌다.

즉, 우리 뇌는 멀티태스킹보다 싱글 태스킹(Single-tasking)에 더 맞게 설계되어 있었던 것이다.

여러 가지 일을 하기보다 한 가지 일에 집중하고 결과를 만들어 내는 것이 실수를 줄이는 방법이다. 이는 결과적으로 리스크를 훨씬 줄이는 방법이기도 하다.

싱글 태스킹(Single-tasking)은 멀티태스킹과는 반대다.

싱글 태스킹은 멀티태스킹과는 반대로 의도적으로 천천히(slow), 간단한(simple) 삶에 집중한다. 삶이 단순할수록 핵심에 더욱 집중할 수 있는 법이다. 적게 일하지만 더 많이 성취할 수 있는 방법, 그것은 한 번에 한 가지씩 하는 것이다. 동시에 여러 가지 일을 하는 것보다 할 수 있는 것들을 줄이고 좀 더 집중함으로써 목표를 달성할 수 있다.

싱글 태스킹이 멀티태스킹보다 나은 이유는 크게 두 가지가 있다.

첫째, 싱글 태스킹은 실수를 줄여 준다.

동시에 여러 가지 일을 할 수 있다고 믿었던 멀티태스킹은 사실 한 가지 일에 집중할 때보다 더 많은 실수를 저지르게 만드는 요인이다. 멀티태스킹으로 인한 실수를 발견하고 처리하는 데 걸리는 시간보다, 느리지만 정확히 마무리 짓는 싱글 태스킹이 더 생산적이며 시간 또한 절약할 수 있다.

둘째, 집중을 위해서는 싱글 태스킹이 좋다.

우리는 한 가지 일에 집중할 때 더 생산적이다.

뒤에 더 설명하겠지만, 멀티태스킹보다 한 가지 일, 즉 싱글 태스킹을 할 때 집중을 넘어 몰입할 수 있게 된다. 몰입은 우리가 생각하고 계획했던 일들을 현실화하는 시간을 앞당겨 준다. 더불어 몰입의 경험을 자주 하면 할수록 우리는 더 자신감을 얻게 된다. 몰입은 한 가지 일에 집중했을 때 더 자주 경험하게 된다. 다시 말해서 싱글 태스킹을 할 때 몰입을 경험하게 되며 이때 얻는 몰입의 즐거움은 보너스다. 몰입은 멀티태스킹이 아니라 싱글 태스킹을 할 때 가능하다.

결론적으로 느린 듯 빠른 게 싱글 태스킹이며 나아가 몰입을 원한다면 멀티태스킹을 피해야 한다.

천천히 집중해서 하는 싱글 태스킹은 일의 능률을 올려주고 정신적인 에너지 소모를 덜 하게 하며 높은 집중력을 갖게 해 주는 동시에 잦은 실수를 줄여 준다.

혹시 아직도 동시에 여러 가지 일을 처리하는 멀티태스킹을 좋은 능력으로 여기고, 느리고 한 가지 일을 끝내고 다음 일을 시작하는 싱글 태스킹은 무능하고 나쁜 것으로 생각하는가? 그렇다면 이유도 모르고 무조건 동시에 여러 가지 일을 빨리 끝내려는 자신을 돌아보길 바란다.

당신은 어디를 향해서 그렇게 달려가고 있는지.

할 수 있는
프로젝트만 하라

"닭고기로 식사를 마치려면 수프부터 시작하라."

- 스코틀랜드 속담

매년 새해가 되면 다이어리 판매량이 늘어나고 저마다 신년 계획들을 세운다.

'올해는 술을 끊어야지', '담배를 끊어야지', '다이어트를 반드시 성공하겠어', '영어 공부해야지' 등은 많은 사람이 매년 세우는 계획이다. 재미있는 점은 평균 약 8%의 사람만이 새해 결심을 지킨다는 사실이다. 대부분 6개월 안에 신년에 세운 결심을 포기한다고 한다. 다들 이루고 싶은 계획인데 왜 8%의 사람들만 목표를 이루고 나머지 92%는 실패하는 걸까? 그리고 이 실패율은 매년 반복되는 걸까?

필자 역시 프로 계획러 중 한 명이었다.

무언가를 계획할 때는 그 안에서 생각하는 시간이 너무 오래 걸린다는 불안감을 느낄 수 있다. 서둘러서 얼른 한 번이라도 시작하고 행동하는 것이 더 현명하다고 생각할 수 있다. 하지만 잘 생각해 보길 바란다. 무리한 계획과 프로젝트로 중도에 포기하는 경우가 발생하면 시간과 감정 소모는 그보다 몇 배로 발생한다. 천리 길도 한 걸음부터 시작하듯이 욕심으로 인한 무리한 계획과 일정을 피해야 한다.

1980년대, 뉴욕시에서는 연간 60만 건 이상의 중범죄 사건이 일어났다. 특히 지하철에서 많은 범죄가 일어났고 여행객들 사이에서는 "뉴욕의 지하철은 절대 타지 마라."라는 말이 공공연하게 나돌았을 정도였다. 당시 교통국의 국장은 '깨진 유리창 법칙'을 적용해 보라는 범죄 심리학자 켈링(George L. Kelling, 1935~2019년) 교수의 제안을 받아들였다.

교통국 국장은 곧바로 지하철 안의 낙서와 무임승차 단속을 실천하기 시작했다. 그러자 범죄율 감소가 15%에서 50%로 줄어들더니 75%까지 줄어들게 되었다

단편적으로는 낙서 지우기나 무임승차 단속과 같은 작은

일들은 지하철 범죄율을 낮추는 것과 상관없어 보인다.

미국의 대학교수인 미하이 칙센트미하이(Mihaly Csiksze-ntmihalyi, 1934년~)는 집중과 몰입을 위한 방법으로 자신이 할 수 있는 조금은 가벼운 프로젝트를 하라고 말한다. 쉽지 않지만 포기하지 않고 끝까지 해 볼 만한 프로젝트를 하라는 소리다. 이렇게 했을 때 발생하는 적당한 스트레스는 우리가 그것에 몰입할 수 있게 만들어 주고 프로젝트 또한 완료할 수 있다.

즉, 해 볼 만한 프로젝트를 했을 때 우리의 자신감은 상승한다.

할 수 있는 프로젝트만 하는 이유가 바로 여기에 있다. 그 프로젝트에 몰입하게 되고 완료할 수 있기 때문이다. 작은 성공이라고 생각할지도 모르겠다. 하지만 작은 성공은 당신의 자신감을 올려 주며 앞으로 더욱 큰 프로젝트를 할 수 있다는 생각을 갖게 한다.

『당신의 뇌를 코칭하라』에서는 뇌를 컨트롤하기 위해 처음 시도하는 것들은 항상 작게 하라고 말하고 있다. 이것은 작은 일을 계획하고 실행하는 데는 큰 무리와 저항이 없기 때문이다. 지금 당장 할 수 있고 끝낼 수 있는 일을 찾아라. 그 일을 계획하고 실행에 옮겨라. 작은 일을 끝냄으로써 얻는 성취감과 경험으로 더 큰 일들을 진행할 수 있게 된다.

변화는 큰 계획과 실행에서만 일어나는 게 아니다. 작은 실행에서 오히려 더 많은 변화의 시작이 있다. 많은 사람이 무리한 일정, 프로젝트로 힘들어하고 중도에 포기하는 경우가 허다하다. 『습관의 재발견』의 저자인 스티븐 기즈 역시 작게, 사소하게, 가볍게 시작하라고 말하고 있다. 크고 높은 계획과 프로젝트는 자칫 지킬 수 없는 목표가 될 수도 있지만, 사소한 생각과 행동은 누구나 거부감 없이 쉽게 할 수 있기에 인생을 극적으로 바꿀 수 있다고 말하고 있다.

뒤죽박죽으로 물건이 섞여 있는 서랍 속을 정리하거나 입지 않는 옷을 버리는 것, 혹은 가게 홍보용으로 받은 사용하지 않는 볼펜과 라이터를 정리하는 것도 좋다.

당신이 변화하고 싶다면 지금 당장 할 수 있는 일부터 시작하라.

크고 대단한 것만을 찾는다면 그것을 찾고 고민하는 데
시간을 허비하게 된다.

지금
집중할 것을 찾아라

"나의 좌우명은 집중이다. 첫째로 정직하며, 다음으로
근면하며, 그다음은 집중이다."

- 앤드류 카네기(Andrew Carnegie, 1835~1919년)

캘리포니아대학교 샌프란시스코 캠퍼스(UCSF)의 아담 가
잘리(Adam Gazzaley, 1968년~) 교수는 80세 이상의 실험 참
가자들에게 비디오 게임을 하도록 했다. 자동차 경주 게임
인데, 이때 어떤 표지판은 준수하되 다른 어떤 표지판은
무시하고 달리라고 지시했다. 그렇게 게임을 몇 번 하고 나
자 노년층 피실험자들의 주의력이 향상되었다. 심지어 그
게임을 처음 해 보는 20세 청년보다 더 뛰어난 주의력을
보이기도 했다. 기억력도 덩달아 향상되었다. 연습과 훈련
이 인지 조절 능력에 긍정적인 영향을 미친다는 가설이 확

인된 것이다. 심리학자인 다니엘 골먼(Daniel Goleman, 1946
년~)도 "완전한 집중 상태에서는 대뇌의 처리 속도가 빨라
지고, 시냅스들 사이의 연결 고리가 강화되며, 우리의 훈
련 목표와 관련된 뉴런 망이 확장되거나 새로 생겨나는 것
이 분명하다."라고 말했다. 즉, 완전한 집중 상태에서는 전
두엽의 조절 기능이 활성화되고 강화된다는 것이다.

아담 가잘리 교수의 실험에서 알 수 있듯이 집중력도 근
육처럼 훈련으로 강화할 수 있다. 집중력은 나이가 들었다
고 해서 계속 떨어지기만 하는 것이 아니다. 계속 부정적으
로만 생각할 게 아니라 노력하면 얼마든지 좋아질 수 있다.

집중력이 좋지 않아서 '난 할 수 없어'라고 생각하는 사
람은 긍정과 희망을 잃지 말아야 한다.

우리가 집중을 해야 하는 이유는 분명하다. 그것은 우리
가 원하는 성과를 더욱 빠르게 만들 수 있기 때문이다. 집
중은 원하는 결과를 만들어 주며 기존의 것과 다름을 만
들어 내는 도구이다.

"오늘이 무슨 요일인지도 몰라요. 날짜도 모르고요. 전
그저 수영만 해요."

미국의 수영 황제인 마이클 펠프스(Michael Phelps, 1985년
~)가 한 말이다. 그는 수영을 선택했고 오직 그것에만 집중
했다. 사랑에 빠진 사람은 오직 사랑하는 사람만 생각하고
그 사람만 눈에 보이듯이 마이크 펠프스 역시 수영을 사랑
하며 생각했다. 결국 그는 세계에서 가장 많은 메달을 딴
수영 선수가 되었다.

집중한다는 것은 오직 그것만 생각하는 것이다. 더불어
생각하는 그것만 눈에 보게 된다. 필자는 어렸을 때 돋보
기에 빛을 모아 종이를 태우거나 지나가는 개미를 학살한
경험이 있다. 돋보기를 통해 태양 에너지를 모아 열에너지
로 바꿨던 것이다. 바꿔 말하면 빛을 모으는 행위는 집중
이다. 집중을 계속하게 되면 몰입하게 되어 기존의 것과
다른 성과를 만들어 낸다.

흔히 무아지경(無我之境)이라는 표현을 쓰는 이 몰입은 어
떤 대상에 대한 집중도가 높아질 때 생긴다. 몰입을 자주
경험한 사람은 자신감이 높아지며 창의적인 경험을 자주 하
게 된다. 집중할 때 새로운 생각과 아이디어가 생겨난다.

집중을 잘하기 위해서는, 첫째, 남들의 시선이나 남들이

만들어 놓은 생각과 이념에 너무 신경 쓰지 않아야 한다. 남들의 이목을 신경 쓰다 보면 쉽게 집중할 수 없고 결국 몰입도 할 수 없게 된다. 집중할 것을 찾는 것이 중요하다. 집중할 것을 찾는 데 다른 사람들의 눈치는 필요 없다. 필자가 살아가면서 본 바로는 다른 사람들의 눈치를 많이 보는 사람들은 대개 발전이 없었다. 조금은 당돌하고 때로는 괴팍하다는 소리를 들으며 자신감 있게 자기의 할 일을 찾아 진행하는 사람들이 훨씬 더 성공하고, 자기 분야에서 최고라는 소리를 듣고 있다.

둘째, 나는 미루지 않는 사람이라는 걸 알아야 한다.

'나중에 하지 뭐. 잘될 거야'라는 사고방식은 몰입할 기회를 나중으로 미루는 것과 마찬가지다.

생각을 바꿔야 한다. 몰입할 기회가 생기면 미루지 않고 그 자리에서 그 기회를 이용해야 한다. 생각을 바꾸면 더 이상 무기력하지 않게 된다.

지금 이 순간 하는 것이다. 지금 찾아보는 것이다. 어떤 것이든 좋다.

셋째, 재미가 있어야 한다.

공부하려고, 또는 일하다 말고 잠깐 스마트폰을 봤는데 순식간에 2~3시간이 훌쩍 지나간 경험이 있을 것이다. 심지어 스마트폰 게임을 하지도 않았는데 말이다. 자신이 하려는 일이 재미있다면 집중은 수월해질 수밖에 없다.

넷째, 간절해야 한다.

시험 시작 직전에 몇 분이라도 더 공부하려고 문제집과 교과서를 보며 공부한 경험이 있을 것이다. 절박한 상황에 처하면 집중력이 높아진다. 원하는 목표나 대상이 생겼기 때문이다. 특별히 내가 잘하는 게 무엇인지, 관심 있고 좋아하는 게 무엇인지, 싫어하는 것은 무엇인지도 모르는 사람이 많다. 부끄러워할 필요는 없다. 필자도 한때는 당신과 다르지 않았다. 무엇을 좋아하는지, 앞으로 주어진 내 인생을 어떻게 살아야 할지 답답했던 적이 있다. 운 좋게 내가 뭘 좋아하고 재능 있는지를 발견한다면 더할 나위 없이 좋겠지만, 대개 그런 경우는 드물다. 그래서 필자가 말하는 것은 아무리 사소하고 별것 없어 보이는 일이라 해도 일단 시작해 보라는 것이다. 여기서 말하는 시작은 '이것은 안 될 거야', '할 수 없을 거야'라는 닫힌 생각이 아니라

'이것도 한번 해 볼까?', '재미있겠는데 시작해 볼까?' 하는 열린 생각을 말하는 것이다. 처음에는 열린 생각을 시작하는 것 자체가 쉽지 않을 수 있다. 그러나 세상에 공짜가 어디 있는가? 일단 집중할 대상만 찾는다면 노력에 비해 얻을 수 있는 수확이 클 것이다. 찾을 수만 있다면 당신이 그동안 제대로 사용하지 않았던 뜨거운 열정을 사용할 기회를 얻게 되는 것이다.

다시 한번 이야기하지만, 집중할 것을 찾아라. 그리고 다른 사람들의 눈치를 보지 말아라. 행복하기로 결심했다면 행복을 위해서 지금 무엇을 해야 할지 찾는 게 우선이다. 그것에 집중하는 하루는 분명 어제보다 한 발짝 더 나아간 모습일 것이다.

05

도전

두려움을
용기로 바꾸는 힘

고양이를 보고
사자를 그려라

"두려움을 정말 이기고 싶다면, 가만히 집에 앉아 두려움에 대해 생각하는 것은 그만하고, 밖으로 나가서 바쁘게 움직여라."

- 데일 카네기(Dale Carnegie, 1888~1955년)

새로운 것을 시도한다는 것은 가슴 설레는 일이며 늘 흥분된다.

가슴 뛰는 일을 한다는 것은 인생을 즐겁게 살아간다는 것이다. 진정으로 자기 인생을 살아간다고 볼 수 있다. 그러나 그 시작은 두려움이 따르기 마련이다. 대부분의 사람에게는 아직 가 보지 않고 시도해 보지 않은 일에 대한 막연한 두려움이 있다.

필자 역시 새로운 걸 시도할 때는 설렘도 있지만 늘 두려움을 느낀다. 사실 도전과 새로움에 있어서 두려움은 당연한 것이다.

두려움과 공포는 사람이 당연히 가지고 있어야 할 감정이며 위험을 감지하고 몸을 지키기 위한 감정이다.

두려워해야 할 것에 두려워하지 않으면 오히려 그것이 더 큰 문제다.

흔히 불쾌하거나 일이 풀리지 않아 불만이거나 불안과 위험에 직면했을 때 자신을 방어하기 위해 자동으로 취하는 행동을 방어기제라고 한다.

두려움을 느낄 때 우리는 자연스럽게 방어기제가 나온다.

두려움은 정해진 형태가 없어서 다양한 모습으로 찾아오는데, 거짓으로 올 때가 훨씬 많다. 다시 말해서, 두려움은 우리가 생각하는 것보다 거짓으로 보일 때가 많다.

'이런 아이디어는 어떨까? 열심히 했으니 좋은 결과가 있겠지? 새롭게 시작해 볼까?'

아무리 좋은 긍정의 생각을 가져도 얼마 지나지 않아서 '변변치 않은 생각과 돈 안 되는 아이디어를 말하면 질타만 받을 거야. 열심히 하는 것은 누구나 하니까 필요 없고 최고만이 할 수 있어. 새로운 도전은 현실을 전혀 생각하지 않고 사는 몽상가들이나 하는 말이야'라는 생각을 하게 된다.

당신은 이미 느끼고 있을 것이다. 두려움을 느껴서 아무 것도 하지 않고 시간을 낭비하는 것이 얼마나 자신에게 해가 되고 손해인지 말이다.

분명한 사실은 두려움을 극복하지 못한 내일은 반드시 부정적인 영향을 받는다는 것이다.

우리는 능력이나 방법만이 성공으로 가는 최고의 수단이자 전부라고 생각하지만, 이것만이 전부는 아니다. 결정적인 순간에 올라오는 두려움을 이겨낼 줄 알아야 한다.

잠시 읽는 것을 멈추고 한 번 생각해 보길 바란다.

당신은 새로운 것에 도전할 때 어땠는가?

크고 거창한 일이 아니어도 좋다. 혹시 당신도 잘못된 판단을 내리면 끝장이라는 생각, 절대 실수하면 안 된다는 생각, 한번에 끝내서 성공해야 한다는 생각을 했는가? 완벽주의야말로 당신을 더욱더 두렵고 떨리게 만든다.

모든 도전에는 실수와 실패가 있는 법이다. 그것이 아무리 작은 도전이라도 말이다. 운 좋게 한번에 성공으로 가는 사람도 있다. 그러나 그렇다고 해서 그 한 번의 성공이 평생의 성공이 될 수는 없는 법이다.

앞에서도 말했지만 두려움은 인간이 가져야 할 당연한 감정 중 하나다.

하지만 두려움이 현실을 왜곡하도록 내버려 둬서는 안 된다. 왜곡된 상황에 그대로 젖어 들어 시간을 보내는 것은 문제다. 계속된 두려움에 휘둘리지 않도록 해야 한다.

미국의 여성 사회운동가이자 정치가였던 엘리너 루스벨트(Anna Eleanor Roosevelt, 1884~1962년)는 이렇게 말했다. "당신을 두렵게 하는 것을 매일 하나씩 하라."

두려움을 이겨내는 방법은 오히려 당신이 두려워하는 일을 하는 것이다.

지금 당장 주식에 투자하라는 소리가 아니며, 두렵고 떨리지만 사표를 던지라는 소리도 아니다.

남들의 시선과 의식이 아니라 자신 안에 충분히 숙성된 생각과 아이디어가 있다면 행동하라는 것이다. 그렇게 했을 때 당신이 생각하는 두려운 상황 또는 후회는 일어나지 않는다.

『카네기 행복론』은 두려움을 극복하는 방법에 대해서 우선은 내가 어디까지 감당할 수 있는지 최선을 다해 보고, 힘들지만 최선을 다해 본 뒤에 생각하고 결정해도 늦지 않다고 말한다.

당신의 최선을 가로막는 것은 능력이나 어떤 방법이 아니라 두려움이다. 항상 그것이 문제다. 최악의 상황을 미리 생각해 본 뒤에 감당할 수 있는지, 없는지 스스로 검증해 본다. 감당할 수 있을 것 같다면 그것만으로도 지금 느끼는 두려움을 상당 부분 극복할 수 있게 된다.

엘리너 루스벨트는 누구나 삶에 대해서 말할 수 있지만, 우리의 삶은 우리 자신의 것이라고 말했다. 삶 자체는 우리가 만들어가는 것이다.

새로운 것을 한다는 것은 두렵기 마련이다. 흔들릴 수 있다. 그러나 단 한 번의 인생을 살며 매번 보이지 않는 두려움에 시달리고 끌려다니기엔 시간이 너무 아깝다.

보이지 않는 상대가 제일 무서운 법이다. 두려움에 대한 진실을 아는 순간 그것은 허상이 된다. 이것이 자신의 생

각을 과감하게 행동으로 발휘할 수 있는 비결이며 고양이
를 보고 사자를 그리는 방법이다.

한발 빠르게
실패하라

"시도했다가 실패하는 것은 죄가 아니다. 유일한 죄악은
시도하지 않은 것이다."

- 수엘렌 프리드(SuEllen Fried, 1932년~)

곤충학자인 찰스 코우먼(Charles Kouman)은 애벌레가 나
비가 되는 과정을 보면서 겪었던 한 일화를 다음과 같이
말했다.

1년 동안 애벌레가 나비가 되는 것을 관찰한 찰스 코우
먼은 어느 날 고치 구멍을 뚫고 안간힘을 쓰면서 나오려고
하는 나비를 보았다. 그 모습이 안쓰러워 찰스 코우먼은
가위를 가지고 와 작은 구멍을 뚫어 주었다. '이제 나비가
화려한 날개를 펼치면서 하늘을 날아다니겠지'라고 기대하
고 있었는데, 나비는 방구석을 기어 다닐 뿐 날지 못하고
결국 죽어버렸다.

"어떤 분야에서 최고가 되고 싶다면 그 분야에 투자하는

시간이 주 100시간은 넘어야 한다." 테슬라의 엘론 머스크(Elon Reeve Musk, 1971년~) 회장의 말이다. 일반 직장인 기준으로 보면 거의 두 배에 가까운 시간이다. 사실 100시간을 선뜻 투자하기란 쉽지 않다. 그러나 반드시 원하는 것이나 최고를 생각하고 있다면 100시간이라도 선뜻 투자하겠다는 마음을 먹어야 한다. 일본의 경영의 신인 이나모리 가즈오(稻盛和夫, 1932년~) 회장은 "하늘조차 내 편으로 삼을 만큼 노력하라."라고 말했다. 테슬라의 엘론 머스크, 이나모리 가즈오. 이들의 공통점은 남들과 다른 생각을 했다는 것이다.

그들이 남들과 다른 점은 남들보다 더 큰 성과를 내려는 생각을 실제로 행동으로 옮겼고 작은 실패부터 큰 실패까지 먼저 경험했다는 점이다. 그 결과 그들이 원하는 성과를 남들보다 빨리 얻을 수 있었다.

당신이 20대든, 50대든 나이는 중요하지 않다. 당신이 원하는 성과를 내기 위해 성공만을 생각한다면 실패에 대한 두려움으로 성장의 시간이 그만큼 더뎌지기 마련이다.

다이슨 청소기를 만든 다이슨 회장의 실패를 대하는 자

세를 보면 배울 게 많다. 그는 가정용 청소기의 문제점을 보완하여 새로운 제품을 만들기 위해 자기 집 창고에서 밤낮을 가리지 않고 살았다. 문제점을 고치면 또 다른 문제가 발생했다. 수천 번의 실패를 거듭했다. 포기하고 싶은 마음이 끊임없이 생겼지만, 그는 포기하지 않았다. 결국 그는 가정용 청소기로서는 혁신적인 청소기인 다이슨 청소기를 세상에 내놓게 되었다.

사람과의 관계와 사업 그리고 모든 일상에 있어서 우리는 언제나 바른 판단을 하기 위해 노력한다.

우리는 바른 판단을 위해 상당히 비싸고 뼈아픈 대가를 치른다. 바른 판단을 위해서 말이다.

그러나 아이러니하게도 바른 판단은 우리가 얼마나 많은 도전과 실패를 경험했느냐에 따라 달라진다.

세상을 살다 보면 우연히 운 좋게 성공하는 사람들을 심심치 않게 보게 된다.

하지만 그 한순간이 그 사람의 인생 전체를 말하는 것은 아니다.

오히려 필자는 운 좋게 성공하거나 지금 잘나간다고 하

는 사람들을 안타깝고 불안한 시선으로 바라본다. 실패가 없는 성공은 유효 기간이 짧다. 그럴 수밖에 없는 것이, 그들에겐 성공을 유지하고 지킬 때 오는 많은 도전과 시련 앞에서 실패로 다져진 절대적인 경험이 부족하기 때문이다.

실패를 겪지 않은 성공은 유효 기간이 짧으며, 성공한 당사자도 진정한 흥분과 희열을 누릴 수 없다. 성공은 누구에게나 쉽게 열리는 문이 아니다. 성공한 사람들의 공통점은 수없이 넘어지면서도, 그 실패를 디딤돌 삼아서 다시 성공을 향해서 걸음을 옮긴다는 것이다.

일본의 사업가이며 경영의 신이라 불렸던 마쓰시타 고노스케(松下幸之助, 1894~1989년)는 이런 말을 했다.

"실패를 경험하고 딛고 일어서는 경험을 겪어야 더욱 깊고 넓어지는 법이다. 나는 실패한 적이 없다. 어떤 어려움을 만났을 때 거기서 멈추면 실패가 되지만, 끝까지 밀고 나가서 성공하면 실패가 아니기 때문이다."

필자가 만약 과거로 돌아가 취업을 해야 하는 때로 돌아간다면 그 회사 대표의 인성, 즉 마인드를 볼 것이다. 실패에 대한 마인드이다. 그가 얼마나 많은 실패를 겪었고 어

떻게 이겨냈는지를 보려고 노력할 것이다. 그것이 그 대표
와 회사의 미래를 보는 지표라고 생각하기 때문이다. 그다
음으로는 회사의 재무 상태와 비전을 볼 것이다.

사람들은 시련이 없는 삶을 동경하며 시련이 없는 삶이
야말로 축복받은 삶이라고 생각하지만, 그러한 시련이 없
다면 우리는 온전한 인격을 갖출 수 없다.

나비는 작은 고치 구멍을 힘들게 빠져나오려고 애쓰며
날개의 힘을 키우게 되어 있지만, 너무 쉽게 세상에 힘들이
지 않고 나온다면 날개에 힘이 없어 땅을 기어 다니다 죽
음을 맞이한다.

매일 맑은 날만 이어진다면 그곳은 사막이 된다.

현재의 고통과 시련이 중요한 이유는 그것이 바로 승리
를 위한 밑거름이기 때문이다. 시련 없는 영광은 없다. 고
난은 아름다운 삶을 만드는 최상의 재료다.

남들보다 한발 빠르게 실패하는 것이 실은 더 빨리 가는
것임을 잊지 말아야 한다.

노는 것도
도전이다

"많이 이해하고 싶은 사람은 누구든지 많이 놀아야 한다."

- 고트프리트 벤(Gottfried Benn, 1886~1956년)

한국의 특성과 문화를 대표하는 것 중에서 하나를 뽑는 다면 '빨리빨리'다.

'빨리빨리'가 얼마나 빠르냐면 한국을 방문한 외국인이 가장 빨리 배우는 단어가 '빨리빨리'다.

빨리빨리 문화는 근대화를 이루는 데 있어서 빠른 경제 성장과 국민의 생활 방식 전반에 걸쳐서 많은 영향을 주었다. 이로 인해 지금은 길을 걸으며 스마트폰으로 인터넷 뱅킹 서비스에 접속해 은행 업무를 그 자리에서 해결한다. 이제는 이마저도 원터치 또는 금융 업무를 위한 단계 최소화가 이뤄져 1분도 걸리지 않아 송금과 이체를 할 수 있게 되었다.

그러나 빛이 있으면 어둠이 있듯이, 빨리빨리 문화 역시 단점이 드러나기 시작했다. 불안과 초조를 느껴야 하는 시대가 만들어진 것이다. 대부분의 사람이 무언가를 하지 않으면 사회에서 필요한 사람이 아닌 것 같은 생각에 불안하고 초조함을 느끼기 시작했다.

혹시 당신도 지금 뭔가를 하고 있지 않으면 뒤처진 것 같은 불안과 초조를 느끼고 있는가? 사업의 시작과 번뜩이는 아이디어 역시 이런저런 생각으로 가득 찬 어지러운 머릿속에서 나오는 게 아니라 그 순간 모든 걸 내려놓고 쉬는 가운데서 얻어진다. 모든 것은 나의 상태를 정확히 아는 것에서부터 시작된다.

체감하지 못하겠지만, 우리의 뇌는 24시간 내내 쉬지 않고 일하고 있다.

우리 뇌는 일하고 있지 않을 때도 평소의 60~80% 정도의 에너지를 소모하고 있다. 이것은 마치 자동차가 주행하지 않고 공회전하며 연료를 소모하는 것과 마찬가지다. 평소에 이런저런 생각이 많다면 의도적으로 당신의 생각을 내려놓을 필요가 있다. 그냥 가만히 앉아서 아무것도 하지 않는 게 아니라 의도적으로 놀아야 한다는 말이다.

생각보다 많은 사람이 노는 것을 계획하지 않고 살아가며 오직 주어진 일만 끝내면 행복할 것으로 생각한다. 지식 에듀테이너이자 문화 심리학자인 김정운 교수는 "노는 만큼 성공한다."리고 말한다. 그 정도로 우리는 살아가면서 '쉼'에 대해 너무 소홀히 생각하고 있다.

쉽게 놀 수 있는 방법 중 하나는 바로 멍하니 아무 생각 없이 시간을 보내는 것이다. 멍하니 있는 상태, 또는 별다른 생각도 없이 초점 없이 한 곳을 응시하는 모습을 가리켜 우리는 속된 말로 "멍 때린다."라고 한다. 보통 부정의 의미로 쓰이곤 하지만, 뇌 과학적 의미로는 굉장히 긍정적이며 꼭 필요한 행동이다. 앞에서 말했듯이 우리 뇌는 24시간 일한다. 멍 때리는 시간은 뇌에 쉬는 시간을 주는 것이다. 뇌는 이 잠깐의 쉬는 시간을 가짐으로써 더욱 좋은 품질의 생각을 만들어 낼 수 있게 된다. 오죽하면 멍 때리기 대회가 있겠는가. 그만큼 현대인들에게는 머리를 쉬게 하는 것이 중요하다.

물론 일할 때는 열심히 열정을 쏟아서 결과물을 만드는 것에 집중해야 한다. 하지만 지금 놀아(쉬어)야 한다면 과감하게 행동해야 한다.

하지만 말이 쉽지, 그게 생각처럼 쉽지 않다고 말하는 사람도 있다. 충분히 이해한다. 평소에 잘 하지 않던 행동이기 때문이다. 계속 뭔가를 열심히 해서 결과물을 만들어내지 못하면 안 될 것 같은 생각 때문에 더욱 그렇게 느껴질 것이다.

일과 삶에 있어서 균형을 맞춰 주는 것이 바로 노는 것이다. 노는 것도 용기이며 그 자체가 도전이다. 다른 사람, 상황만을 의식해서 제대로 놀지 못하는 것은 아쉬움과 후회만 커지는 결과를 낳을 뿐이며 결국 삶의 질도 떨어지기 마련이다. 담대하게 쉴 수 있는 용기를 가져야 한다.

필자는 명상을 즐겨 한다.

조건과 상황이 전부 갖춰져야만 명상을 할 수 있는 것은 아니다. 그저 가만히 앉아 있을 수 있고 방해받지 않는 조용한 공간이면 된다.

지금 책을 읽고 있는 당신도 한번 시작해 보길 바란다. 생각이 많을 때 오히려 그 생각을 내려놓는 용기를 내어 그 상황에서 잠시 빠져나와 쉬는 시간을 가져 보길 바란다.

안락함을 피하라

> "걱정과 어려움이 나를 살게 하고, 안락함이 나를 죽음으로
> 이끈다."
>
> — 맹자(孟子, BC 372~289년)

1993년 6월, 당시 삼성전자는 조직 내 무사안일주의와 타성에 젖어 있었다. 이에 이건희 회장은 위기감을 느꼈다.

이건희 회장은 어떻게 하면 위기를 벗어날 수 있을까를 고민하다가 이에 대한 대책으로 신경영 선포를 했다.

"이대로 가다간 망할지도 모른다는 위기감을 온몸으로 느끼고 있다. 내 등허리에 식은땀이 난다. 삼성은 이제 양 위주의 의식, 체질, 제도, 관행에서 벗어나서 질 위주로 철저히 변해야 한다. 마누라와 자식만 빼고 다 바꿔라."

안락하고 편안함을 느끼는 곳을 컴포트 존(comfort zone)이라고 한다.

세스 고딘(Seth Godin, 1960년~)은 자신의 책『이카루스 이야기』에서 컴포트 존에 대해 이렇게 말한다. "안락 지대 안에 머물 때 당신은 기분이 느긋해지고 긴장감 없이 일하거나 생활할 수 있으며, 그 안에서는 실패의 두려움도 크지 않다. 오랜 시간에 걸쳐서 자신에게 익숙해진 영역이어서 습관적으로 행동하면 되기 때문이다."

당시 삼성 이건희 회장은 컴포트 존에 있었다.

하지만 이건희 회장은 스스로 컴포트 존에서 나와서 삼성을 더욱더 글로벌한 회사로 만들기 위해 보완할 점을 찾았던 것이다.

삼성과는 다르게 컴포트 존에 머물며 변화의 시기를 놓쳤던 기업은 큰 비용을 치러야 했다. 1990년대 1세대 웹 사용자 중에서 넷스케이프를 모르는 사람은 없을 것이다. 당시 웹 서퍼들 사이에서 넷스케이프의 브라우저 점유율은 80%에 이르렀다. 80%라는 엄청난 점유율은 그들의 컴포트 존이었다. 이러한 높은 점유율에 안주한 넷스케이프는 놀라울 정도로 빠르게 사라졌다. 넷스케이프는 설치하려면 돈을 내야 했다. 반면 새롭게 등장한 마이크로소프트의 IE(Internet Explorer)는 모든 사용자에게 무료로 제공되었다. 집, 학교, 회사의 PC에 마이크로소프트사의 IE가 설치되면서 넷스케이프는 1998년에 IE에 선두 자리를 내어주고 말았다.

소니 역시 컴포트 존에 안주하다 비싼 대가를 치른 회사 중 하나다. 소니는 다양한 워크맨을 개발해 엄청난 돈을 벌어들인 회사다.

또, 워크맨으로 엄청난 수익과 기술력을 보유하고 있었기에 지금의 아이팟을 개발하지 못할 이유가 없었다. 그러나 모두가 알고 있듯이 아이팟은 애플에서 개발해서 세상에 나왔다.

당시 소니는 콘텐츠, 엔지니어링, 디자인, 사업부가 각각 따로 나누어져 있었다. 아이팟을 만들기 위해서는 소니의 기업 문화가 협력을 이뤄야 했는데 소니는 이를 부담스럽게 생각해 실행하지 않았다.

필자 역시 매일 새로운 환경을 찾고 만들며 생활하고 있다.

필자를 바라보는 많은 사람이 "군이 그렇게 피곤하게 살 필요가 있냐?"라며 묻지만, 사실 이것이야말로 필자가 가지고 있는 강점이다.

우리는 흔히 이치에 맞지 않는 일은 잘못된 일이라고 생각한다. 안락하고 편한 곳을 놔두고 다시 힘들고 새롭게 개척해야 하는 곳을 찾아서 떠난다면 미친 짓이라고 생각할지도 모른다.

"아. 그거 별문제 아니야. 이렇게 하면 될 거야."

안락함이 주는 가장 큰 위험은 바로 익숙한 경험이다.

많은 사람이 익숙함을 얻기 위해 크고 작은 경험을 쌓는다.

그러나 대부분의 사람이 경험 속에서 오는 익숙함에 젖어서 살며시 다가오는 위험은 모른다. 익숙함과 안락함이 주는 경험의 덫에 걸린 것이다.

많은 노하우가 쌓여서 어려운 상황을 이겨낼 힘이 생긴 것은 사실이지만, 반대로 새로운 것에 민감하게 반응하려하지 않거나 그 자리에서 안주하려고만 한다. 다시 말해서 더 이상의 성장을 기대하기 어렵게 만든다. 이것이 바로 경험의 덫이다.

변화가 빠르지 않고 기술의 속도가 빠르지 않던 시대에

는 기존의 성공 경험이 통했다. 하지만 지금과 같이 하루
가 멀다 하고 새로운 기술과 제품이 쏟아지고 알아야 할
정보가 넘쳐나는 시대에 컴포트 존은 독이 될 수 있다.

자기계발 작가로 유명한 브라이언 트레이시(Brian Tracy,
1944년~)는 이렇게 말한다.

"별다른 생각 없이 대충 일하는 것에서 벗어나야 한다.
무언가 새로운 일을 시도하면서 어색하고 불편한 것을 느
끼고자 할 때 비로소 성장할 수 있다."

앞으로도 우리는 우리의 본성과 전혀 다른 방향으로 삶
을 살아야 할지도 모른다. 하지만 우리가 안락함을 누리는
컴포트 존에서 벗어날 때 당신이 원하는 더욱 크고 멋진
그것과 만날 수 있다. 더욱 크고 새로운 안전과 안락함 말
이다.

편안함과는 반대되는 것을 추구하는 것, 안락한 그 자리
를 피하는 것은 당신의 삶을 더욱 쉽고 편하게 만들어 줄
것이다. 당신을 더욱 단련시키는 행위이기 때문이다.

"성을 쌓고 사는 자는 반드시 망할 것이며 끊임없이 이동
하는 자만이 살아남을 것이다."

돌궐 제국의 명장이자 영웅이었던 톤유쿠크(Tonyukuk, 646~726년)의 비문에 있는 글이다.

지금보다 변화의 속도가 말할 수 없이 느렸던 당시에도 끊임없는 이동의 중요성과 안주하는 것의 위험성을 경고했던 것이다.

PART 06

표현

잘 준비된 표현은
인생을 바꾼다

정직은 곧
돈이다

"정직한 자를 악한 길로 유인하는 자는 자기 함정에 빠져도
성실한 자는 복을 얻느니라."

- 잠언 28장 10절

어떤 사람이 숲을 지나다가 함정에 빠진 호랑이를 보았다.

함정에 빠진 호랑이는 잡아먹지 않을 테니 제발 살려달
라고 말했다.

사람이 "너를 그곳에서 꺼내 주면 나를 잡아먹으려 할
것 같다."라고 말하자 호랑이는 은인을 잡아먹는 경우는
없다며 거듭 살려달라고 말했다.

측은한 마음이 들었던 사람은 함정에서 호랑이를 꺼내
주었다. 그러자 호랑이는 함정에 빠져있는 동안 아무것도
먹지 못했다며 그 사람을 잡아먹으려고 했다.

그 사람은 마침 지나가는 토끼에게 억울한 사연을 말했고 토끼의 결정에 따르기로 했다.

이에 토끼는 설명만 들어서는 알 수 없으니 상황을 재현해 보라고 말하며 처음에 호랑이가 함정에 어떻게 빠졌는지부터 보여 달라고 말했다.

호랑이는 함정에 제 발로 들어가 처음 상황을 토끼에게 이야기했다.

토끼는 호랑이와 사람에게 이 상황이 맞느냐고 물었고 모두 맞다고 말하자 "사람은 원래 가려던 길을 가라."라고 말한 뒤 뛰어서 달아났다.

이 이야기는 「호랑이와 토끼」로 알려진 전래동화다.

필자는 짧은 이야기 속에 교훈도 있는 전래동화를 좋아한다.

요즘처럼 정직이 사라져 가는 이 시대에 더욱 필요한 이야기라고 생각한다.

정직하면 바보이며 사회생활 못하는 사람으로 몰리는 풍조, 적당한 거짓과 속임수로 살아가는 것이 요령이며 정석으로 비치는 풍조가 안타깝다.

미국 캔자스시티에서 있었던 일이다.

길을 가다 구걸하던 노숙인을 본 사라 달링은 불쌍한 마음이 들어 자신의 지갑 지퍼를 열어 동전을 전부 털어 깡통에 넣어 줬다. 하지만 깡통에 들어간 것은 동전만이 아니었다. 달링의 결혼반지도 동전과 함께 깡통으로 들어갔던 것이다. 몇 시간 전, 결혼반지를 빼 동전 지갑 안에 넣었다는 사실을 잊은 채 동전과 함께 깡통으로 넣었던 것이다.

하루가 지나고 남편과 함께 교외로 나가려고 차에 올라타는 순간 달링은 반지가 없어졌다는 사실을 알았다. 급히 다시 찾아간 장소에서 다행히 노숙인을 찾을 수 있었다. 달링은 그에게 다가가 "제가 정말 소중한 물건을 잃어버렸어요."라고 말했다. 노숙인은 태연하게 "그게 혹시 반지냐?"라고 물었고 "당신이 돌아오리라 생각해서 보관하고 있었다."라고 말하며 반지를 돌려줘 달링을 놀라게 했다.

달링과 그의 남편은 그의 정직성에 감동하여 '기브 포워드'라는 기부 사이트에서 노숙인 빌리의 이름으로 개인 모금 페이지를 열어 모금 활동에 들어갔고 2억 3천만 원이 넘는 거금을 모았다.

빌리는 그 돈으로 새로운 삶을 시작할 수 있게 되었고 이 이야기가 세상에 알려지면서 16년 동안 소식을 알 수 없었던 형제들도 다시 만나게 되었다.

수백만 원을 호가하는 다이아몬드 반지를 왜 팔지 않고 간직할 수 있었느냐는 기자의 질문에 빌리는 "목사였던 할아버지 밑에서 자랐다."라고 하면서 아직 내게 남을 먼저 생각하는 품성이 있다는 사실에 하나님께 감사할 따름이라고 답했다.

빌리가 만약 반지를 돌려주지 않고 팔아서 생활했다면 그의 삶은 과거와 크게 달라지지 않았을 것이다.

힘든 생활에 순간적으로 욕심이 생겼을 것이다. 그러나 '그 여인이 내게 선행을 베풀었고, 이 반지는 그녀에게 소중한 것이 분명해. 그러니 돌려주는 것이 마땅해'라고 생각하며 정직하게 돌려줬기 때문에 그의 인생이 달라진 것이다.

사람과의 관계에서도 마찬가지지만, 사업에 있어서는 더욱 정직이 중요하다.

'정직한 차'라는 뜻을 가진 유기농 웰빙 음료를 만드는 '어니스트 티(Honest Tea)'라는 미국 음료 회사가 있다.

어니스트 티는 업계 1위인 스타벅스의 티 브랜드인 타조 (Tazo)의 장벽을 단숨에 깨트리고 선두에 올라 소비자를 깜짝 놀라게 했다.

어떻게 이 같은 결과를 연출할 수 있었을까. 여기에는 '정직함'이라고 하는 '진정성'이 있었다. 이미 눈치 빠른 독자라면 이미 눈치챘을 것이다.

'어니스트 티'가 진짜 중요하게 생각하는 것은 '어니스트 (Honest)'이지, 티(Tea)가 아니었다.

"우리는 설탕이 덜 들어간 진짜 유기농, 프리미엄 음료를 만들기 위해 회사를 설립했어요. '정직한' 건강 음료를 만들어 모든 사람의 건강에 도움이 되는 게 미션이었어요. 그렇기 때문에 '정직'은 우리 회사의 핵심 가치이자 우리가 존재하는 이유랍니다."

세계적인 경영 컨설턴트이자 경영 사상가인 제임스 챔피 (James A. Champy, 1942년~)는 '착한 소비자'들이 시장에서 주목받고 있다고 말한다. 그는 깐깐한 기준으로 무장한 '착한 소비자'들을 붙잡으려면 적당한 거짓과 속임수가 아닌 '정직한 비즈니스'를 해야 한다고 강조했다. 정직을 기반으로 하는 기업이 탄탄하게 성장한다고 강조했다.

필자는 한때 회사 운영과 계획에 있어서 대출을 받아야 하는 상황에 놓인 적이 있었다.

문제는 세무 신고 가운데 5억 원 가까이 대출을 받아야 하는 상황이었는데, 회사의 대표가 회삿돈을 사용한 것으로 보이는 내역이 일부 있기에 있는 그대로 세무 신고를 한다면 대출을 받기 힘들어진다는 점이었다. 기록이 남아 있어서 개인 목적으로 회사의 돈을 사용한 것으로 본다면 할 말이 없는 상황이었다. 주변 사람들이 좀 더 대출받기 쉬운 다른 방법을 알려줬지만, 필자의 실수라 할지라도 대출을 받아내기 위해 내가 한 일을 안 한 것처럼 하고 싶지는 않았다. 정직하게 세무 신고를 하고 대출은 기대하지 않았다. 그러나 며칠 뒤에 대출이 가능하다는 소식을 받았다.

유대인들의 지식을 담은 탈무드는 정직에 관해서 이렇게 말하고 있다.

"가축을 팔거나 노예를 팔 때 흠 있는 부분을 분장을 시켜 젊어 보이게 하거나 건강하게 보이도록 속이는 짓은 절대 금하고 있다."

또한, 상품에 하자가 있을 경우에는 그것을 산 사람은 언제든지 반품할 수 있다고 말한다.

또 탈무드에는 이런 물음이 있다고 한다.

사람이 죽어서 천국에 가면 하나님이 "너는 생전에 정직하게 사업을 했느냐?"라고 묻는다고 한다. 이처럼 유대인들은 사업은 물론이고 생활에 있어서 늘 정직을 중요하게 생각하도록 배운다.

예나 지금이나 동서고금을 막론하고 정직과 신용은 인간관계는 물론이며 비즈니스에서도 왕도임에는 변함이 없다. 서양 속담 중에 "정직은 최상의 방책이다."라는 속담이 있다. 정직이 우선인 것이다. 때로는 남들에게 바보 같은 사람이라며 손가락질받거나 비아냥대는 무시를 당하는 것이 정직으로 보일 때가 있다. 또 재미없고 융통성이 없으며 한없이 손해 보는 것처럼 보일 때도 있다. 그래서 옳지 않은 것이라 할지라도 눈 감고 적당히 넘어가는 것이 잘하는 것으로 보일 때가 있다.

그러나 잠깐은 손해 보는 것처럼 보일 수는 있으나, 정직하지 못한 사람은 그 끝이 언제나 좋지 않다.

정직하지 못한 삶을 살아간다는 것은 매우 위험한 삶을 살아가는 것이며 필자는 정직한데 성공하지 못한 사람을 본 적이 없다.

셰익스피어(William Shakespeare, 1564~1616년)는 정직만큼 풍부한 재산은 없다고 말했다.

정직을 잃고 얻은 행복은 진정한 의미의 행복이라고 볼 수 없다.

정직은 인간이 가질 수 있는 가장 기품 있는 행위 중 하나이다.

논쟁은
반드시 피하라

"상대방에게 맞추려면 가장 먼저 상대가 나와 다르다는
것을 인정해야 한다."

- 법정 스님

사람은 혼자서 살아갈 수 없고 반드시 무리 지어 생활하
며 살아가게 된다.

이때 중요한 것은 얼마나 사람과 사람 사이의 관계를 잘
맺고 살아가냐는 것이다.

현대 사회에서 인간관계는 그 어떤 시대보다 중요하다.

경우에 따라서는 어떤 인간관계를 맺어 놓느냐에 따라
서 당신의 미래가 결정될 수 있다. 사회생활을 하는 데 있
어서 중요한 것은 누가 뭐래도 좋은 인간관계일 것이다. 하
지만 많은 사람이 인간관계가 중요하다는 걸 알면서도 실

제로는 제대로 인간관계를 관리하는 사람이 드물다.

사람은 살면서 누구나 수많은 사람과 대화를 나눈다.

상대방과 대화를 나누는 간단한 행위로 자신감과 함께 다시 일어설 힘을 얻거나 반대로 슬픔과 분노를 느끼기도 한다.

문제는 슬픔과 분노를 느끼는 데 있다. 특별히 상대방을 비방하고 욕하는 상황이 아닌데도 상대는 나에게 화를 내거나 좋지 않은 인상을 받을 때가 있다.

바로 필요 없고 감정 소모만 일으키는 논쟁 때문이다.

성경은 그다지 소득 없는 상대방과의 논쟁이나 의견 차이로 인한 감정싸움에 대해서 다음과 같이 말하고 있다.

"어리석고 무식한 변론을 버려라. 거기에서 다툼이 나는 줄 앎이라."

서로 감정만 내세우며 자기 말만 내세우는 일방적인 대화는 대화가 아니다.

동료들과 쓸데없이 논쟁을 벌이는 장교를 보며 링컨이 꾸짖으며 말한 적이 있다. "자기에게 최선을 다하는 사람은 쓸데없는 논쟁 따위에 시간을 낭비하지 않는다네." 이 말

을 장교에게 할 수 있었던 링컨 역시 수많은 상대방과의 대
화 경험을 통해 논쟁이 별 소용이 없음을 깨달았던 것이다.

서로의 의견이 다르다는 것은 사실 기분 나빠하며 감정
상할 일이 아니다. 오히려 두 사람의 의견이 일치하지 않음
을 인정하고 받아들여야 한다.

두 사람의 의견이 항상 일치한다면, 두 사람의 의견이 아
니라 사실상 한 사람만의 의견인 것이다. 더불어 한 사람
은 불필요한 사람이나 다름없다.

서로 의견이 다름으로 인해서 그 문제나 생각을 다시 한
번 돌아보며 부족한 부분을 바로잡을 수 있는 시간과 기회
가 주어진 것이다. 의견이 일치한다면 부족한 부분이나 또
다른 방향으로 생각할 수 있는 기회를 놓치게 된다.

미술관에 전시된 하나의 그림을 바라보며 의도나 성향에
따라 사람마다 전혀 다르게 생각하고 해석할 수 있음을 인
정해야 한다. 누구나 지금 나와 대화하는 상대에게 내 생
각 또는 천편일률적인 정답을 강요할 수는 없다.

논쟁으로 인해 입게 되는 피해는 관계는 물론이고 비즈
니스에도 적용된다.

필자는 한때 회사가 존폐의 위기에 처했을 때 함께 일하던 파트너들과 심하게 논쟁을 벌인 적이 있었다. 나를 좀 이해해 주고 상황을 같이 지켜보며 참아 보자는 말을 감정적으로 했다. 파트너들의 잘못만을 들추며 나는 잘했다는 것을 내세우기에 바빴다. 결국 내 의도와는 전혀 다른 방향으로 결론이 났고 함께 일했던 파트너들은 나를 떠나고 말았다.

상대방과 서로의 감정만을 내세우는 논쟁은 반드시 피해야 한다.

많은 사람이 논쟁을 시작하면 감정적으로 그 상황을 대처한다. 필자처럼 말이다. 대화의 중요 포인트는 놓치고 감정에만 치우쳐서 그 점에만 집중해서 말하곤 한다. 그러다 보니 보통은 이야기가 좋게 마무리 지어지는 경우가 없다.

잠시 눈을 감고 논쟁하는 상황을 떠올려 보기를 바란다.

열을 올리며 상대방과 논쟁하는 당신을 생각하며 앞으로 어떤 모습이면 상황을 극적으로 반전시킬 수 있는지를 생각해 보자.

필요하다면 거울을 보고 미리 연습해 보길 바란다. 논쟁

상황을 잠시 생각하며 연습하는 것이다.

본인의 의지만 있다면 단 몇 번의 연습만으로 예전과는 사뭇 다른 결과를 만들어 낼 수 있다. 좀 더 나은 상황으로 바꾸고 싶은 의지가 있다면 필자를 믿고 연습해 보길 바란다. 생각보다 훨씬 적은 노력과 시간으로 바뀐 당신을 마주하게 될 것이다.

필자의 방법을 따라 하기 곤란하다면 더욱 좋은 방법이 있다.

데일 카네기의 『인간관계론』은 "논쟁에서 최선의 결과를 얻을 수 있는 유일한 방법은 그것을 피하는 것이다."라고 말하고 있다.

상대방의 의견과 합의점을 찾지 못했다면 감정적으로 대할 것이 아니라 우선 그 자리를 서둘러 마무리 짓는 편이 좋다.

시간이 갈수록 본질에서 벗어나 감정만 내세우게 될 가능성이 크기 때문이다.

옷을 대충 입을
생각은 말아라

"패션은 스스로에 대한 자신감이다."

- 폴 스미스(Paul Smith, 1946년~)

대한민국 남자라면 피할 수 없는 것 중의 하나가 바로 국방의 의무다.

특별한 사유가 없는 한 대한민국의 모든 남자는 나라를 지키기 위해 2년간 군대 생활을 한다. 이때 입는 옷이 군복이며 2년간의 군대 생활을 마치고 다시는 입지 않을 것 같던 군복을 나중에 예비군 때문에 또 입게 된다.

재미있는 점은 평소에 신사로 불렸던 사람도 예비군 군복을 입으면 말과 행동이 달라진다는 것이다.

마치 좀비 영화의 한 장면처럼 행동이 느려지고 말은 거칠어지며 상스러워진다.

더 재미있는 점은 예비군 군복을 입은 모든 남자는 모두 단결된(?) 하나의 무질서한 모습을 보여 준다는 것이다.

평소에는 신사적이고 바른말, 고운 말을 쓰던 사람이 어떻게 예비군 군복 하나로 전혀 다른 사람이 되는 걸까? 왜 이런 모습을 보이는 걸까? 이처럼 사람은 평소에 어떤 옷을 입느냐에 따라 생각과 행동에 많은 영향을 받게 된다.

미국의 심리학자인 존슨(R. D. Johnson)과 다우닝(L. L. Downing)은 사람의 옷차림을 가지고 실험을 했다. 그 결과, 평소에 어떤 옷을 주로 입느냐에 따라서 그 사람의 생각과 행동이 많은 영향을 받는다는 사실을 알게 되었다. 존슨과 다우닝은 여학생 60여 명에게 과격하고 다소 불량해 보이는 옷과 간호사 제복을 각각 입히고 실험에 참여하게 했다. 제복의 차이만 있을 뿐 다른 모든 실험의 조건은 동등했고, 특정인에게 문제를 낸 뒤 틀리면 상대편 여학생들이 6단계의 버튼 중 하나를 골라 전기 쇼크를 주는 실험이었다. 결과는 상당히 흥미로웠다. 간호사 제복을 입었을 때는 상대편에게 쇼크가 작은 버튼을 눌렀다. 하지만 다소 과격하고 불량해 보이는 옷을 입었을 때는 쇼크가 강한 버튼을 눌렀다.

입고 있는 옷에 따라서 사람의 생각과 행동에 변화를 줄 수 있음을 과학적으로 증명해 보인 셈이다.

회사 업무 때문이 아니라면 필자는 SNS를 자주 하지는 않는다.

가끔 하는 SNS에 올라온 사진에 담긴 문구들이 있다. "여자는 화장발! 남자는 머릿발!" 그만큼 여자는 화장, 남자는 머리가 중요하다는 것을 말하는 것이다. 필자는 여기에 더해서 남녀 할 것 없이 공통으로 중요한 것이 바로 '옷발'이라고 생각한다. 옷차림은 남녀노소에 상관없이 그 사람의 전체적인 인상에 크게 작용하기 때문에 중요하다. "옷이 날개다."라는 말이 괜히 나온 말이 아니다. 옷만 잘 입어도 사람이 달라 보인다.

옷 입는 것 하나만 봐도 자기 자신은 물론이고 그 사람이 하는 일에 대한 자세를 알아볼 수 있다.

회사의 대표가 출근 전에 오늘은 어떤 옷을 입을지, 넥타이는 무엇으로 할 것인지, 구두는 뭘 신을지 신경 쓰며 세련된 모습을 보일수록 사원의 근로 의욕이 향상된다. 인정하기 싫을지도 모르지만, 많은 사람이 옷차림을 기준으로 상대방을 평가한다. 추위와 위험으로부터 피부를 보호하기 위한 도구로 옷을 입는 시대는 이미 예전에 지났다. 이성에게 관심을 받기 위한 도구로 옷에 신경 쓴다는 것은 생각이 짧은 사람이다.

"사람은 외모를 보거니와 나 여호와는 중심을 보느니라."

인류의 베스트셀러인 성경에 쓰여 있는 말이다.

사람이 외모를 보는 것은 당연하며 피할 수 없는 사실이다. 따라서 옷차림은 그 사람을 대변한다고 해도 과언이 아니다.

비즈니스맨들에게는 더욱 중요한 것이 바로 옷차림이다. 당신이 어떤 옷을 입느냐에 따라서 일의 능률에 많은 영향을 미친다.

2012년, 하조 애덤(Hajo Adam)과 아담 갈린스키(Adam D. Galinsky)는 의사용 흰 가운을 입은 사람들은 가운을 입지 않는 사람들에 비해 실수를 절반 정도만 저지른 것으로 나타났다고 밝혔다. 다시 말해서 업무 수행력이 높아졌다는 것을 알 수 있다. 어떤 옷을 입는가에 따라 생각과 행동에 변화가 일어나는 현상을 제복 효과라고 부른다. 결국 일 잘하는 사람은 옷 또한 잘 입는 사람이다. 옷이 주는 효과를 알고 있는 사람이기 때문이다.

비즈니스에 있어서 명함보다 중요한 것은 옷발, 즉 지금 무슨 옷을 입고 있느냐는 것이다. 추리닝을 입고 비즈니스 하는 것과 정장을 입고 일하는 것은 엄연히 다르다. 추리닝과 정장이 너무 극단적인 비유라고 생각하는가? 그렇다면 옷이 주는 효과를 이미 당신도 느끼고 있다는 것이다. 때와 장소에 맞는 옷은 당신을 더욱 돋보이게 할 것이며 빛나게 만든다. 필자는 평상시에 정장을 자주 입어서 싫은 소리를 듣고 다니는 사람을 못 봤고 직원이든, 대표든 일 못 한다는 소리를 들어 본 적이 없다.

함께 일하고 싶고 다음에 또 만나고 싶은 그 이상의 관계를 만들고 싶은 사람들.

자신의 개성을 표현하면서도 그 자리의 분위기나 만나는 사람을 배려한 옷차림을 할 줄 아는 사람은 타인의 기억 속에 좋은 인상으로 남을 수밖에 없다.

옷차림에 신경을 쓰는 사람이 회사의 대표라면 더욱 그

렇다. 그런 사람은 자기 자신에 대해서 잘 알고 있다고 봐도 무방하다. 자신에게 어울리는 아이템이 무엇인지를 안다.

옷 잘 입는 사람은 원만한 인간관계를 유지하기 위해서 '옷의 힘'을 빌린다.

아무 옷이나 대충 입는 사람은 옷이 문제가 아니라 그 사람의 생각이 가볍다는 걸 말해 주는 것과 다름없다. 자신을 드러내고 매력을 돋보이게 만들어 주는 옷을 그저 편하게만 입으면 최고라고 생각하는 것이다. 그래서 자신에게 올 기회도 놓치게 된다.

'대충 입지, 뭐'라는 생각으로 옷을 입지 마라. 자신을 끌어올릴 기회를 쉽게 버리지 말기를 바란다. 혹시 지금껏 그랬다면 지금부터라도 '옷'에 대한 생각을 바꿔야 한다.

명심하라!

당신에게 기발하고 독특한 아이디어보다 강한 무기는 '옷'이다.

항상 자신의 무기를 입고 다녀라. 옷이야말로 바로 당신의 무기다.

자신감을 높이 올려 주고 스스로 멋지게 보이는 옷을 입어라.

명품을 사서 입으라는 소리가 아니다. 가지고 있는 옷 중에서 자신을 돋보이게 하는 옷으로 맞춰서 깔끔하게 입고 다니라는 것이다. 여유가 된다면 명품 옷을 사 입는 것도 좋다. 다시 한번 말하지만, 맹목적으로 명품을 사는 것이 아니라 자신의 무기가 될 수 있는 옷을 입어라. 그 옷이 당신의 무기가 되어 줄 것이다.

설득하지 말고
대화하라

"설득이란 남의 이견(異見)을 존중하는 데서 시작한다."

- 벤저민 디즈레일리(Benjamin Disraeli, 1804~1881년)

아무리 논리적이고 유창하게 말한다고 해도 상대방이 자신을 설득하려 한다는 생각이 강하게 든다면 그 자리를 피하고 싶은 게 사실이다.

한쪽이 일방적으로 말을 주도하며 "내 말이 맞으니 일단 그렇게 해." 하는 식으로는 좋은 대화라고 할 수 없다. 더불어 상대방에게 자신을 어필하거나 설득해야 하는 상황이라면 일방적인 대화는 더욱 피해야 한다.

우리는 때로 타인을 설득해야 할 경우가 있다. 직설적인 방식으로 타인을 설득하기 힘들다면 은근히 자신의 이야기를 강조하며 말하는 방법이 있다.

경제학자인 알렉산더 잭스(Alexander Sachs, 1893~1973년)는 루스벨트(Franklin Delano Roosevelt, 1882~1945년) 대통령에게 편지를 보냈다. 미국이 원자력 무기를 개발해야 하는 이유에 관해서 설명하는 내용의 편지였다.

편지를 읽은 루스벨트 대통령은 잭스가 말하는 내용을 단호하게 거절했다.

이에 알렉산더 잭스는 부연 설명을 하기보다는 나폴레옹(Napoléon I, 1769~1821년)의 일화를 대통령에게 들려주었다.

미국의 젊은 발명가 풀턴(Robert Fulton, 1765~1815년)은 나폴레옹에게 배의 재료를 나무에서 철로 바꾸고 돛대를 모두 떼어 버리자고 제안했다. 이에 나폴레옹은 배가 어떻게 바다에 뜰 수 있고 앞으로 나가겠냐고 물었다. 풀턴은 증기를 이용해서 갈 수 있다고 말했지만, 나폴레옹은 돛대가 없고 강철로 만든 배는 말도 안 되고 터무니없는 생각이라며 풀턴의 제안을 거절하고 그를 내쫓았다. 그러나 매정하게 외면당했던 풀턴의 아이디어는 잠수함 설계를 위한 최초의 결정적인 단서였다. 역사학자들이 당시 나폴레옹이 조금만 신중하게 생각하고 미래를 생각했다면 19세기의 역사는 크게 달라졌을 거라고 말했다며 잭스는 이야기를 끝냈다.

알렉산더 잭스의 이야기를 침묵으로 듣던 루스벨트 대통령은 얼마 지나지 않아 입을 열었다. "그래! 자네를 믿어보지! 그 내용을 적극적으로 검토해 보세."

직접 이야기를 들려주는 형식이 아니라 재미와 이야기를 녹여 협상의 기술이나 홍보 마케팅에 쓰는 방법으로 넛지(nudge)라는 방법이 있다.

넛지는 '팔꿈치로 슬쩍 옆구리를 찌르다'라는 뜻으로, 직접적으로 강하게 말하지 않고 간접적인 주의 환기를 통해 상대에게 이야기하는 것을 말한다.

남자 화장실 변기에 그려진 파리를 예로 들 수 있다.

보통 남자들은 소변을 볼 때 방향에 크게 신경을 쓰지 않는다. 그렇기 때문에 변기 주변이 쉽게 더러워진다. 이 점을 개선하기 위해 남자용 소변기 중앙 부분에 파리 그림을 그려 넣은 것이다. 파리 그림으로 인해 화장실을 이용하는 남자들은 적중률(?)이 매우 높아졌고 변기 주변도 쉽게 더러워지지 않게 되었다.

실제로 파리 그림 하나로 소변기 주위로 튀는 소변의 양이 80% 정도 감소했다고 한다.

"화장실을 깨끗하게 이용해 주세요!"라고 아무리 강조해도 쉽게 고쳐지지 않던 문제를 그림 하나로 조용하고 강력하게 해결한 것이다.

이처럼 대화하는 방식은 한 가지가 아니다. 대화가 한쪽 방향으로 쏠리거나 강압적인 분위기를 띤다면 상대방은 당신을 피하게 된다.

직접적으로 강하게 자신의 이야기를 하기보다는 우회해서 말하는 편이 좋다.

또는 자신이 말하려는 것과 비슷한 사례를 들어서 이야기하는 방법도 좋다.

이 외에도 다른 사람의 힘을 빌려서 대화를 이어 나갈 수도 있다.

계속 말하지만, 대화가 중요하다. 일방적인 대화는 양질의 대화라고 할 수 없다.

대화 역시 긍정적으로 해야 한다.

당신의 말에 긍정적인 색채가 아닌 부정적인 색채가 가

득하다면 애당초 원하는 결과는 기대하지 마라. 혹시 당신이 부정적으로 말하는 버릇이 있다면 지금부터라도 긍정적으로 말하는 습관을 들여야 한다.

부정적인 언어나 좋지 못한 단어 또는 비속어로 말하는 습관은 고치기도 힘들고 많은 사람이 당신을 저평가하게 된다.

대화는 종합 예술과도 같다. 한 가지 동일한 의미를 전달한다고 하더라도 말하는 사람이 어떤 느낌과 단어를 사용하느냐에 따라 대화의 온도가 확연히 달라지기 때문이다.

칭찬에 장사 없다

"나는 지금까지 세상의 온갖 위대한 인물들을 만나 왔지만,
남에게 칭찬을 받으며 일하는 것보다 남에게 비난을
받으며 일하는 편이 훨씬 더 좋다고 하는 사람은 아직 만난
적이 없다."

- 찰스 슈왑(Charles Schwab, 1937년~)

남아프리카의 어느 부족에는 범죄를 저지른 사람에게
내리는 독특한 형벌이 있다.

범죄를 저지른 사람을 마을 광장 중앙에 세워놓고 부족
전체가 모여 그 사람의 주변을 동그랗게 에워싼다. 그리고
부족 사람이 한 명씩 나와서 이야기하는데, 비난이나 왜 범
죄를 저질렀나에 대한 추궁이 아니라 그 사람을 칭찬한다.

"그가 숲에서 넘어져 다친 나에게 다가와 부축해 주었다."

"밝고 쾌활한 저 친구는 부족 사람들의 이야기를 잘 들

어주고 웃어 준다."

"내게 좋은 창과 화살을 만드는 방법을 가르쳐 주었다."

부족 사람들은 모두 그 범죄를 저지른 사람의 장점이나 그간 잘했던 일을 한 가지씩 꺼내서 이야기한다. 이렇게 부족 사람 모두가 칭찬하는 데 더러는 며칠씩 걸린다고 한다. 모든 사람의 칭찬이 끝나면 잔치를 벌인다.

이때 칭찬과 잔치를 통해 마을 사람들은 범죄를 저지른 사람이 새사람이 되었다고 믿고 인정하며 축하해 준다. 실제로 범죄를 저질렀던 사람은 진심으로 새사람이 되겠다고 다짐한다고 한다.

우리는 놀랍도록 칭찬에 인색하다. 칭찬보다는 잘못된 걸 지적하고 비평에 노출이 많이 되어 있다. 이렇다 보니 남을 비평하고 지적하는 일은 쉽게 해도 막상 칭찬할 일이 생기면 어색해하며 말을 아낀다.

많은 사람이 칭찬의 효과와 그로 인해 발생하는 잠정적인 이익을 인식하게 되면 절대 칭찬에 인색할 수 없게 된다.

칭찬을 듣는 사람에게 생기는 공통된 반응은 자신감이 생긴다는 것이다. 자신의 하는 일, 인간관계에 자신감이 생기고 앞으로의 계획과 생각 중인 일들에 용기를 얻게 된다. 한국 전쟁을 승리로 이끈 맥아더(Douglas MacArthur, 1880~1964년) 장군은 어린 시절에 심한 개구쟁이였다. 말썽을 피우지 않는 날이 없을 정도로 매일 사고를 치며 동네 아이들과 골목대장 노릇을 했다. 동네 사람들은 맥아더의 모습을 보며 그의 장래를 염려했다. 그러나 맥아더의 할머니는 "얘야. 너는 군인으로서 훌륭한 기질을 가지고 있구나."라며 오히려 칭찬의 말을 했다. 후일 할머니의 칭찬 한마디에 맥아더는 정신이 번쩍 들었다고 고백했다. 맥아더는 할머니의 진심 어린 칭찬 한마디로 위대한 군인이 될 수 있었던 것이다. 어린 시절의 칭찬 한마디가 사람의 일생을 바꾸어 놓았다.

칭찬은 상대방에 대한 이해와 관심의 표현이다. 칭찬을 하기 위해 상대방에게 관심을 갖고 상대방의 입장에서 이해해야 하기 때문이다. 또 칭찬은 평상시에 상대를 생각하고 있었다는 걸 말해 준다. '이 점은 참 좋네. 어쩜 이렇게 할 수 있을까?' 등의 일들을 생각하며 칭찬할 순간을 기다렸다고 볼 수 있다. 그래서 칭찬하려 노력하다 보면 상대방을 더 잘 이해하게 된다. 이해를 할 수 있게 되면 자연스럽게 마음도 여유로워지게 된다.

"사위지기자사(士爲知己自死) 여위열기자용(女爲悅己自容)."

사마천(司馬遷, BC 145~86년)의 『사기』에 나온 이야기로 선비는 자기를 알아주는 사람을 위하여 죽으며, 여인은 자신을 기쁘게 해 주는 사람을 위해 화장을 한다는 뜻으로 칭찬과 인정의 중요성을 말할 때 자주 인용되는 말이다. 칭찬은 인정받고 싶어 하는 인간의 원초적 욕구 중 하나다. 다시 말하면 사람은 칭찬을 받고 싶어 하는 동시에 칭찬에 약하다고 볼 수 있다. 칭찬과 인정은 매슬로의 4단계 욕구인 존경의 욕구에 포함될 정도로 높은 욕구에 해당한다.

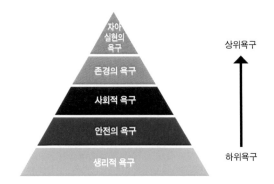

어떤 사람들은 무분별한 칭찬은 오히려 안 하느니만 못하다고 말하기도 한다.

하지만 필자는 칭찬을 자주 해서 손해 보거나 상처받았다는 소리를 아직까지 한 번도 듣지 못했다. 앞에서 말한 바와 같이 우리는 칭찬에 인색한 편이다. 칭찬을 아낄 것이 아니라 상대를 무시하거나 배려와 존중이 없는 행동을 자제하고 아껴야 한다. 그리고 주변 사람들에게 지금보다 많은 칭찬을 해야 한다.

칭찬과 감사의 공통점은 아주 간단하다는 것이다. 따로 이렇다 할 설명이나 방법이 필요 없다. 더 좋은 것은 자주 할수록 나에게 손해보다 이익이 되는 경우가 더 많다는 것이다. 칭찬할 때 필자가 걱정하는 것은 딱 하나다. 아무 생각 없이 상대방을 배려하지 않고 왜 칭찬을 하는지도 모르고 뜬금없이 하는 칭찬과 비아냥 또는 조롱 섞인 칭찬만 주의한다면 칭찬은 지금보다 자주 주변 사람들에게 하길 바란다.

좋은 칭찬을 하기 위해 평상시에 단련이 되어야 하는 것들이 있다.

첫째, 잘 들어 주는 연습이 선행되어야 한다. 잘 듣는 것은 대화의 기본이 된다.

잘 들어 주는 것만으로도 상대방은 '나에게 관심을 가져 주고 있구나'라며 호의적인 반응을 보이게 된다. 한 번 더 생각해 본다면 상대의 이야기를 잘 들으려 한다는 말은 그만큼 마음으로 대화에 임한다는 걸 말한다. 마음으로 그 대화에 임하는 것과 그저 형식적으로 참여하는 것은 대화의 온도 자체가 다를 수밖에 없다.

둘째, 대화를 해야 한다. 대화하는 사람들을 가만히 보면 한 사람만 계속 말하고 이야기를 마무리 짓는 경우가 많다. 이런 대화는 양질의 대화라고 볼 수 없다. 한쪽만 말하는 일방통행의 대화가 아닌 쌍방이 주고받는 대화를 해야 한다.

요즘 고민은 뭔지, 특별히 문제는 없는지 등 여러 사항을 서로 물어보며 상대방과 대화를 이어나가야 한다.

셋째, 대화에 있어서 상대의 이야기를 귀로만 듣는 사람은 하수다. 귀로만 듣는다면 특별히 별다른 노력을 하지 않아도 들을 수 있다. 따로 스킬이나 상대방에 대한 진심

어린 노력이 필요하지 않다. 그렇기 때문에 형식적이고 상대방의 능력이나 가능성을 끌어내는 좋은 칭찬을 해 줄 수 없다.

이는 아주 간단하지만 사실 우리가 살면서 수없이 놓치고 있는 부분이다.

"바쁜데 왜 말 시켜? 요점만 말해!"라는 식으로 대화를 시작하고 끝낸다면 시간이 흘러도 상대에게 맞는 칭찬을 해 줄 수 없다.

당연한 말이겠지만, 칭찬할 때 무표정한 얼굴과 무미건조한 목소리로 말한다면 제대로 된 칭찬의 효과를 기대하기 어렵다. 만약 상대에게서 칭찬할 만한 그 무언가를 찾았다면 그 즉시 바로 칭찬하는 것이 좋다. 시간이 흐르면 칭찬할 기회를 만들기가 쉽지 않기 때문이다.

칭찬을 말할 때는 분명하고 명확하게 말하는 게 좋다. 만약 칭찬을 다른 사람들과 공유한다면 그 효과는 배가 된다.

다른 사람을 칭찬함으로써 본인도 주인공이 되는 것이다. 다시 말해서, 자신이 낮아지는 것이 아니라 높아지는 것이다.

칭찬은 당신이 생각보다 좋은 사람이라는 이미지를 만들어 주는 데 아주 훌륭한 도구가 되어 준다. 그뿐만 아니라 폭넓은 인간관계와 비즈니스에 있어서도 당신을 기억하게 하며 좋은 사람이라는 걸 알리는 도구가 되어 준다. 칭찬은 작지만 강력한 무기로 사용될 수 있다는 걸 명심하라. 한때 온 나라를 떠들썩하게 했던 탈옥수 신창원은 뼈아픈 변명으로 이런 말을 남겼다.

"나 같은 놈이 태어나지 않는 방법이 있다. 지금 나를 잡으려고 군대까지 동원해 많은 돈을 쓰는데, 내가 초등학교 때 선생님이 '너 착한 놈이다.'라고 머리 한 번만 쓸어 주었으면 여기까지 오지 않았을 것이다."

정말 우리가 여러 번 곱씹으며 생각해 볼 말이다. 우리는 살면서 얼마나 칭찬을 하는가? 우리는 칭찬보다는 험담이나 비아냥 또는 남을 깎아내리는 말을 주로 한다. 험담이나 남의 흉을 보는 것은 당장은 재미있을 수 있고 스트레스를 풀어 주는 것 같기도 하다. 그러나 진정한 칭찬 한 번으로 작게는 나의 바른 생각과 입을 지킬 수 있고 크게는 한 사람의 인생을 바꿀 수 있다.

흔히 많은 사람이 처벌의 강도를 높이는 것이 범죄를 예방할 수 있는 가장 강력한 방법이라고 말하곤 한다. 틀린 말은 아니다. 죄에 대한 합당한 처벌로 더 이상 범죄를 저지르지 않도록 하는 것은 중요하다. 그러나 필자는 여기에 더해 칭찬으로 죄를 벌하는 아프리카 부족처럼 어느 누가 잘못을 했을 때 질타가 아닌 가슴에서 나오는 진정한 칭찬으로 벌을 내리는 사회를 그려 본다.

07

긍정

웃으세요, 제발!

긍정을
세뇌하라

> "나는 젊었을 때 10번 시도하면 9번 실패했다. 그래서 10
> 번씩 했다."
>
> - 버나드 쇼(George Bernard Shaw, 1856~1950년)

미국 어느 마을에 한 초등학교 선생님이 있었다.

어느 날 선생님은 학생들에게 종이를 꺼내 자신이 할 수 없고 불가능하다고 생각되는 일들을 적어 보라고 했다. 선생님의 말씀에 학생들은 종이에 불가능하다고 생각되는 일들을 하나씩 적기 시작했다. 얼마 지나지 않아 아이들은 종이에 불가능하다고 생각되는 일들을 가득 채웠다. 선생님은 학생들에게 다 쓴 종이를 접어 교실 앞에 준비해 놓은 상자에 넣도록 했다.

한 명도 빠짐없이 종이를 상자에 넣자 선생님은 학생들

과 함께 상자를 들고 밖으로 나갔다.

선생님은 준비해 둔 삽으로 땅을 파 구덩이를 만들었고 학생들과 함께 구덩이에 상자를 밀어 넣으며 말했다.

"잘 보렴. 오늘은 너희들이 생각하는 '불가능'이 무덤 속으로 영원히 사라지게 되는 날이다."

그날 이후 선생님은 학생들이 자신 없는 모습을 보이거나 "할 수 없어요.", "못해요.", "불가능해요."라고 말할 때마다 "이제 더 이상 불가능은 없단다."라고 말하며 모든 아이가 긍정적인 생각을 할 수 있도록 도와주고 격려했다.

어떤 일을 하는 데 있어서 우리는 시작하기도 전에 부정적인 생각에 사로잡혀서 아무런 행동을 하지 않을 때가 많다.

'난 안 될 거야. 그런 일은 아무나 할 수 없어'라는 부정적인 생각은 우리의 손과 발을 묶어둔다.

어떤 환경이든 당신이 원하는 결과는 긍정적일 때 나올 확률이 높다.

사람이 재미를 느끼며 즐겁고 행복할 때 좋은 결과가 만들어지기 마련이다. 즐겁고 행복한 상태를 만드는 마중물 역할을 하는 것이 바로 긍정적인 사고다.

그러나 평소에 부정적이었다고 해서 걱정할 것은 없다.

앞의 이야기처럼 긍정은 교육이 된다. 단, 부정 역시 교육이 된다는 점이 아쉽지만 말이다.

아이들은 부모가 하는 말과 행동, 표정을 거울처럼 보고 따라 한다. 이를 미러링 효과(Mirroring effect)라고 한다.

생후 6개월 이후의 아이는 부모의 반응을 통해서 자신의 이미지를 형성하는데, 부모의 행동과 태도, 말, 작은 습관까지 많은 영향을 받기 마련이다.

이때 부모가 평소에 어떤 모습을 보여 주느냐에 따라서 아이에게 미치는 영향이 크다.

아이의 단점이 보일 때마다 훈계 삼아 하는 말이라며 습관처럼 나쁜 말을 툭툭 내뱉을 때 아이의 자존감은 떨어지기 마련이다.

셀리그먼(Linda Seligman, 1944~2007년)이라는 한 심리학자는 사방이 가로막힌 방에 개를 가둬놓은 뒤 바닥에 전기를 흘려보냈다. 고통 속에서 개는 탈출을 시도했지만, 뛰어올라도 높은 벽에 막혀 계속해서 미끄러졌다.

몇 번의 시도와 좌절이 반복되자 개는 탈출하려는 노력

을 포기했다.

다음 실험에서는 벽을 아주 낮게 만들어 쉽게 도망칠 수 있도록 했지만 개는 달아나지 않았다. 전기 충격이 와도 그대로 받아들였다. 이것이 바로 '학습된 무기력'이다.

서커스단에서 코끼리를 길들이기 위해 쓰는 방법 역시 셀리그먼의 방법과 크게 다르지 않다.

힘이 세지 않은 아기 코끼리의 뒷다리를 말뚝에 묶어 놓는 것이 코끼리를 길들이는 방법이다.

발이 묶인 아기 코끼리는 안간힘을 써도 말뚝을 뽑을 수 없다.

몇 번의 시도를 하지만 주변을 벗어날 수 없다.

그렇게 시간이 흐르면 코끼리는 스스로 말뚝 주변을 자신의 한계로 정해 버린다. 심지어 말뚝을 빼도 평생을 그 주변에서 살게 된다.

당신이 무언가를 하려고 마음먹거나 무언가를 꿈꿀 때 마음이 말뚝에 묶여 자신의 한계를 규정짓는다면 능력이 생겨도 평생 벗어나지 못한다.

이것이 학습된 무기력의 무서움이다. 학습된 무기력은

부정의 성향을 가지게끔 한다.

사실 무언가를 준비하고 시작하려는 사람이나 자신의 꿈을 이루기 위해 행동하는 사람에게 처음부터 딱 맞아떨어지는 상황은 없다.

중요한 것은 언제나 안 되는 이유부터 떠올려서 나는 할 수 없는 것이라며 규정지어서는 안 된다는 것이다.

긍정적인 언어와 생각이 긍정적인 결과를 부른다.

사람은 스스로 생각하고 판단한 것을 말을 통해 표현한다.

사회학자 로버트 머튼(Robert K. Merton, 1910~2003년)이 사용한 말 중에 '자성 예언'이라는 말이 있다.

자신의 소원을 현재형으로 언어화해서 선언하면 소원이 이루어진다는 것이다.

어떤 행동이나 교육을 함에 있어서 학습자가 보이는 학습 수준이 주변에서 교사가 가지는 기대 수준에 부합되게 일어나는 현상을 말한다.

즉, 긍정적인 자기 암시를 통해 행동으로 옮기고 실천하게 되면서 예전과 다른 좀 더 나은 좋은 결과를 만들어 내는 것을 말한다.

평소에 어떤 생각을 하느냐에 따라 자신의 모습이 만들어진다.

자신의 생각이 긍정적이냐, 부정적이냐에 따라 자신은 물론 타인의 어려움까지도 도와줄 수 있게 된다.

팔다리가 없는 채로 태어나 수많은 사람에게 감명을 주는 사람이 된 닉 부이치치(Nick Vujicic, 1982년~)는 이렇게 말한다. "최고의 장애는 당신 안에 있는 두려움이다."

능력만큼 체력

"몸은 가꾸고 단련하고 자랑하며, 세월이 흐르면 믿고
의지하게 된다."

- 마사 그레이엄(Martha Graham, 1894~1991년)

운동이라면 손사래를 치며 하기 싫다고 말하는 사람들
이 있다. 이런 사람을 보면 필자는 실소가 나온다. 필자는
그런 사람들에게 "운동하세요!"라고 당당하게 말할 입장이
아니다. 운동을 규칙적으로 하지 않기 때문이다. 하지만
운동의 좋은 점을 알기에 어떻게든 시간을 내어 운동하고
있을 뿐이다.

할 일도 많고 생각할 것도 많은데 운동을 왜 해야 할까?
귀찮고 힘든 운동을 꼭 해야 할까?

당신은 운동을 왜 해야 한다고 생각하는가. 건강해지기
위해서? 멋진 몸을 만들기 위해서? 다이어트를 위해서?

물론 건강과 다이어트 모두 맞는 말이다. 하지만 이뿐만이 아니다. 운동은 당신이 생각했던 것 이상으로 의미가 있다.

우리가 운동해야 하는 이유는 또 다른 강력한 이점이 있기 때문이다.

김밥 파는 CEO로 유명한 김승호 회장은 운동에 대한 자신의 생각을 이렇게 말하고 있다. "만약 큰 좌절을 겪었다면 운동화를 신고 일단 밖으로 나가라. 실패를 했든, 하고자 하는 목표가 있든 마찬가지다. 그렇게 한두 달이 지나면 몸에 힘이 생긴다. 그다음엔 팔굽혀 펴기를 하라. 몸과 정신은 연결되어 있다."

운동을 하면 새로운 목표가 생기고 하고자 하는 힘이 생긴다. 가슴 운동을 하면 가슴 근육이 발달하며 튼튼해진다. 운동을 했을 때 그 부위가 자극받고 건강해지는 것은 당연하다.

하지만 해당 부위에만 자극이 가는 것이 아니라 실은 우리 몸 전체에 영향을 준다.

김승호 회장의 말처럼 몸과 정신은 서로 나누어져 있는 것이 아니라 연결되어 있기 때문이다. 운동은 정신과 육체가 건강한 모습으로 돌아가기 위해 하는 것이며, 운동을 함으로써 더욱 큰 에너지가 나온다. 그뿐만 아니라 운동은 당신의 생각을 긍정으로 바꾸는 데 탁월한 도구가 되어 준다.

이것이 우리가 운동을 하는 이유이다.

운동이 좋은 이유는 또 있다.

바로 우리 뇌의 능력 향상에 도움을 준다는 사실이다.

운동을 끝내면 혈류량이 많아져 그 즉시 전두엽에 영향을 줘 학습을 위한 최상의 상태에 돌입하게 된다. 다시 말해, 운동을 통해서 더욱 건강하고 젊은 뇌 상태로 회복된다.

2005년에 시행된 한 연구에서는 러닝머신에서 30분만 달려도 창의적 성과가 개선되고 그 효과가 무려 2시간 동안이나 지속된다는 것이 밝혀졌다. 운동이야말로 자신의 능력을 올리기 위한 최고의 전략임을 잊지 말자.

운동이 단순히 근육을 단단하게 만들고 심장 기능을 강화하는 데만 효과적인 것은 아니다. 운동은 노력하는 '나'라는 존재에 대한 자부심을 느끼게 만든다. 분발하면 더 나은 인간으로 성장하겠다는 자신감을 보여 준다. 운동을 통해 나태함으로부터 자연스레 멀어지고 스스로 성장의 자부심과 자신감을 발산하게 된다.

자신을 긍정하고 높은 자신감과 자부심으로 '나'를 인정하는 모습이야말로 당신의 진정한 모습이다. 운동은 당신이 본래 멋있고 예쁘며 매력 있음을 알게 하며, 잃어버린 모습을 제자리로 돌려놓는 데 그 숨은 의미가 있다.

내가 나를 사랑한다면 운동으로 표현하라. 혹시 나를 사랑하는 마음이 약한 사람이라면 단순히 건강을 위해서라도 운동을 시작하라. 지금 운동화로 갈아 신고 집을 나서보길 바란다. 나에게 주는 또 하나의 선물은 바로 운동이다.

지금이
골든 타임이다

"우리를 조금 크게 만드는 데 걸리는 시간은 단 하루면
충분하다."

- 파울 클레(Paul Klee, 1879~1940년)

사고 발생 후 환자의 생사를 결정지을 수 있는 수술과
같은 치료가 이루어져야 하는 최소한의 시간을 골든 타임
또는 골든아워(golden hour)라고 한다.

119 구급대, 소방서, 응급실에서는 긴급상황이 발생했을
때 모의 훈련을 하며 골든 타임을 지키려고 노력한다. 골
든 타임을 지키느냐, 그렇지 못하느냐에 따라 환자의 생명
을 살리거나 그렇지 못할 수도 있기 때문이다.

이 골든 타임은 변화에 있어서도 그대로 적용된다. 무언
가 새롭게 시작하려고 하거나 변화를 기대하고 있다면 '때'

를 놓쳐서는 안 된다. 재미있는 점은 많은 사람이 그 '때'를 기다리기만 한다는 것이다. 때가 되면 본격적으로 생각해 보고 행동하겠다고 말한다. 하지만 그때는 오지 않는다. 처음부터 오지 않는다.

나중을 생각하고 좀 더 나은 상황을 기다린다는 것은 하지 않겠다는 말이나 다름없다. 아직 변화에 대한 갈급함이 없는 것이다.

필자는 나중에 상황이 괜찮아지면 행동하겠다고 말하는 사람치고 변화된 삶을 살아가는 사람을 한 명도 보지 못했다. 크고 거창한 생각과 행동을 하라는 것이 아니다. 누구나 보면 입이 떡 하고 벌어질 만한 생각과 행동으로 변화된 사람은 적다. 모두가 처음에는 아주 작은 생각과 미약한 움직임으로 시작하지만 결국 인생을 바꾸고 기적이라 불릴 만한 일을 만들어 내는 것이다.

지금은 고인이 되었지만, 변화와 혁신의 아이콘이었던 스티브 잡스는 "무엇을 하려거든 지금 시작하고 미루지 말라."라고 말했다.

애플을 창업할 당시 그는 "부양할 가족이나 자녀가 없

다. 집도 없다. 잃는 게 있다면 낡은 폭스바겐 승합차 한 대와 입고 있는 옷이 전부다. 우린 잃을 게 하나도 없다. 반면에 얻을 수 있는 것은 무궁무진하다. 만일 우리가 깨지고 데이고 모든 걸 잃는다고 해도 그 과정에서 얻을 경험은 잃은 것들의 10배만큼의 가치가 있을 것이다. 위험은 없다."라고 말했다.

수많은 사람이 도전과 행동을 하려 할 때 가장 많이 두려워하는 것이 지금 가진 것을 잃지 않을까 하는 마음이다. 그 마음 때문에 쉽게 도전하지 못하고 변화된 삶을 살아가지 못하고 있다. 충분히 발전하고 변화된 모습으로 살아갈 수 있는 데도 말이다.

도전과 모험은 젊은 사람들이나 한다고 생각하는가?

나이가 많다고 해서 좌절할 필요는 없다. 나이가 많아도 새로운 시도와 도전은 충분히 가능하다. 기다리지 말고 뭐라도 시도하길 바란다. 리스크 따윈 없다.

'아무 생각 없이 막무가내로 도전했다가 실패하면? 그래서 손해 보면?' 혹시 이렇게 생각하고 있지는 않은가?

스티브 잡스는 인생에 있어서 당신이 가진 유일한 자산

은 '시간'이라고 말한다.

누구에게나 공평하게 주어지는 하루 24시간을 자기 자신을 향상시킬 수 있는 멋진 경험들을 쌓는 데 투자하면 리스크는 없다.

기다리지 말아라. 골든 타임을 지키는 자만이 변화의 새 바람을 맞이할 수 있다.

반드시 10번은
웃어라

"웃지 않은 하루는 낭비한 하루다."

- 찰리 채플린(Charles Chaplin, 1889~1977년)

인류가 지금의 문명을 이룩하는 데 1등 공신이 있다면 무엇이 있을까? 그것은 바로 언어다.

인류는 언어를 통해 지금의 눈부신 문명을 이룩할 수 있었다. 재미있는 것은 언어보다 더 오랜 역사를 가지고 있는 어떤 언어(?)는 현재에도 사라지지 않고 우리 생활 깊숙한 곳에 자리 잡고 존재한다는 것이다. 그렇다. 그 언어는 바로 '웃음'이다.

웃음은 언어가 존재하기 이전부터 우리가 표현할 수 있었던 또 하나의 언어였다. 웃음은 상대방에게 마음을 표현할 수 있고 악의가 없음을 전달하는 가장 오래된 언어이다.

하지만 당신은 어떤가? 지금 웃고 있는가? 이미 잘 웃는 사람이라면 축하한다. 앞으로도 계속 웃음을 잃지 않는 사람이길 진심으로 소망한다. 만약 잘 웃고 있지 않다면 그 이유는 무엇인가? 당신은 필요한 만큼 웃으며 살아가고 있는가? 주변의 많은 사람이 "웃을 일이 많아서 계속 웃고 살았으면 좋겠다."라고 말한다. 인상 쓰고 찌푸린 얼굴보다 웃는 얼굴이 좋다는 것은 누구나 다 아는 사실이다. 그러나 우리는 생각보다 웃지 않는다. 당신은 오늘 하루 동안 얼마나 웃었는가? 웃음의 효능에 대해서 알고 있다면 한 번이라도 더 웃으려고 노력할 것이다. 더 이상 "웃을 일이 없어서 웃지 못한다."라고 말하지 못할 것이다.

하지만 그것은 잘못된 생각이다. 억지로라도 웃어야 한다. 당신이 웃음이 주는 효과를 누리고 싶다면 웃을 일이 없어도 웃어야 한다.

웃음이야말로 명약이 따로 없을 정도로 만병통치약이다. 결코 과장된 표현이 아니다.

사람의 몸에 병이 생기는 거의 모든 원인은 스트레스다.

이 만병의 근원인 스트레스를 해소하는 데 특효약이 바

로 웃음이라는 사실을 당신은 아는가? 사람은 웃을 때 스트레스로 인한 불안감, 초조함이 완화된다.

스트레스 호르몬인 코르티솔(cortisol) 역시 웃음으로 그 수치를 낮출 수 있다.

그뿐만 아니라 웃음은 다이어트의 효과도 있다.

현대인들의 스트레스 원인 중 하나는 바로 '살'이다. 살이 쪄서 고민인 사람이 늘고 있고 이제는 여러 가지 문제를 만들어 내는 비만이 사회적으로 큰 문제로 인식되었다.

그런데 웃기만 해도 살을 뺄 수가 있다.

한 번 크게 웃으면 얼굴 근육 650여 개와 뼈 200여 개, 내장이 웃음의 진동에 의해 움직이면서 에어로빅, 조깅을 5분 동안 한 것과 같은 칼로리가 소모된다.

또, 미국의 한 연구팀은 10분에서 15분 정도 박장대소하면 체내에서 칼로리가 소모되어 체중을 감소시키는 데 도움이 된다고 발표했다.

이들은 특수하게 설계된 실험실 방에서 실험 참가자들의 모습을 관찰하기로 했다. 특수 설계된 방은 실험 참가자들이 들이마신 산소의 양과 내뱉은 이산화탄소의 양을 측정

할 수 있게 설계되었다.

실험실 방에서 참가자들에게 코미디 프로그램을 시청하게 했고, 이들이 웃을 때 소모되는 칼로리를 측정하는 실험을 했다.

실험 결과, 그들은 "하루에 10분에서 15분 동안 박장대소하는 경우, 1년에 약 2kg 정도의 체중을 감소시킬 수 있을 정도의 칼로리가 소모된다는 사실이 발견되었다."라고 주장했다.

이처럼 단지 웃기만 해도 살이 빠지는 효과가 있어서 최근에는 웃음 다이어트까지 만들어졌다. 다이어트에 효과가 있다는 것만으로도 우리가 웃지 않을 이유가 없다.

또한, 웃음이 주는 효과는 다이어트만 있는 것이 아니다.

우리의 '난 안 돼!', '못 참겠어!', '싫어!'와 같은 부정적인 생각을 긍정으로 바꾸는 데는 웃음만 한 게 없다. 더불어 후회와 집착, 근심, 걱정을 지우는 데 웃음처럼 탁월한 게 없다.

사람은 기분이 좋거나 즐거울 때 뇌에서 도파민(dopamine), 세로토닌(serotonin)이라는 호르몬이 분비된다. 이

호르몬은 우리를 편안하게 만들고 스트레스 레벨을 낮춰 주며 희열을 느끼게 한다.

웃음이 주는 좋은 효과를 알지만, 막상 웃으려고 하면 생각처럼 웃음이 잘 나오지 않는다는 걸 느낄 것이다.

웃음 역시 연습이 필요하다.

평소에 웃을 준비를 미리 해 두길 바란다. 가장 좋은 방법은 얼굴에 살며시 미소를 머금고 있는 것이다. 이것은 무표정한 얼굴보다 훨씬 더 좋은 인상과 언제든 활짝 웃을 수 있는 상황을 만들어 주기 때문에 일석이조다. 간혹 어떤 사람들은 '웃는다고 더 매력적으로 보일까?'라고 생각하지만, 이것은 너무나 당연하다! 분명 누군가가 웃고 있거나, 유머 감각이 뛰어나면 눈길이 갈 수밖에 없다.

좋은 웃음을 가진 사람에게서 느껴지는 매력은 주변 사람들을 편하게 만든다.

어색하고, 딱딱한 상황에서도 쉽게 자연스럽고 편안한 분위기로 만든다. 또 그런 사람은 자신감이 몸에 배어 있어서 주변에서 그런 사람을 매력 있게 바라보게 된다.

프랑스의 낭만파 시인인 빅토르 위고(Victor Hugo,

1802~1885년)는 이렇게 말했다. "웃음은 우리의 겨울을 들어내는 태양이다."

당신이 만약 웃음에 익숙하지 않다면 시간을 정해놓고 웃어 보길 바란다.

하루에 10번은 크게 웃어라. 억지로 웃는 웃음일지라도 그 효과는 거의 똑같다. 그 이유는 우리 뇌는 억지로 웃는 가식적인 웃음과 진짜 재미있고 즐거워서 웃는 웃음을 구별해내지 못하기 때문이다.

혼자 웃는 연습이 어색하다면 친구 또는 동료들과 함께 해 보길 바란다.

함께 웃어 준다는 것만으로도 여유와 안정감을 느낄 수 있다. 더불어 서로의 장점을 공유할 수 있기에 더욱 돈독해질 수 있는 기회는 웃음이 주는 보너스와도 같다.

언어보다 오랜 역사를 가진 웃음은 사람에게 주어진 최고의 선물이다.

자주 웃으며 살아간다면 우리는 모든 것을 더욱 긍정적으로 생각하게 될 것이고 늘 자신감으로 가득 찬 하루를 살아가게 될 것이다.

결국 윌리엄 제임스(William James, 1842~1910년)의 명언처
럼 "우리는 행복하기 때문에 웃는 것이 아니고 웃기 때문
에 행복하다."라는 말을 실천하며 살게 될 것이다.

성공의 곱셈은 나눔

이타적인 사람이
성공한다

"이타심으로 판단하면 다른 사람이 좋게 되기를 바라기 때문에 주위 사람들 모두가 힘을 보태 준다. 또 시야도 넓어져 바른 판단을 할 수 있다.

더 나은 일을 해나가기 위해서는 자기만 생각해서 판단할 것이 아니라, 주위 사람들을 생각하고 배려 넘치는 '이타심'에 입각하여 판단해야 한다."

- 이나모리 가즈오

어느 날, 석가모니가 지옥에 내려가 그곳을 거닐고 있었다. 그는 불구덩이 속에서 고통받는 강도를 만났다. 생전에 나쁜 짓을 많이 하고 사람들을 속여서 고통 속에서 살게 했기 때문에 죽은 뒤 지옥에서 벌을 받고 있었던 것이다.

강도는 석가모니를 알아보고 살려 달라며 애원했다. 이

에 불쌍한 마음이 든 석가모니는 그에게 작은 도움을 주는 동시에 시험을 했다.

하늘에서 거미줄 한 줄을 내려 주었다. 이 거미줄은 지옥을 벗어나 하늘로 올라갈 수 있는 거미줄이었다.

강도는 죽을힘을 다해 거미줄을 붙잡는 데 성공해 하늘 위로 올라가기 시작했다. 하지만 곧이어 지옥에서 고통받고 있던 또 다른 사람들이 이 광경을 지켜보고 우르르 몰려와 너도나도 거미줄을 붙잡기 시작했다.

강도는 안 그래도 가느다란 거미줄이 다른 사람들 때문에 무거워 끊어져 버리는 것은 아닌지 불안한 마음이 들기 시작했다. 지옥을 빠져나갈 유일한 방법이 이대로 사라져 버릴 것만 같았다. 그는 칼로 거미줄 아래를 잘라 사람들을 떨어뜨렸다. 다시 지옥 불로 떨어지는 사람들을 보며 강도는 안심했다. 그 순간 자신이 잡고 있던 거미줄도 사라져 버렸고 강도 역시 지옥의 불구덩이 속으로 떨어지고 말았다.

사실 거미줄은 스스로 자르지 않는 이상은 절대 끊어지지 않는 단단한 거미줄이었다. 석가모니는 그 강도에게 마지막으로 다른 사람을 배려하며 선행하는 마음을 기대했던 것이다.

짧은 이야기지만, 우리가 살아가면서 진지하게 생각해 볼 일이다. 사람은 무리 속에서 살아가는 사회적인 동물이다. 혼자서는 절대 살아갈 수 없고 사람들과의 관계 속에서 살아야 한다. 결국 관계와 이해가 당연한 것인데, 이때 자신만 생각하는 사람은 어리석은 사람이다.

자기 자신만의 이익만을 추구하고 그것이 전부이자 최고라고 생각하는 사람은 서서히 주변으로부터 외면당하기 시작한다. 결국 홀로 동굴에서 사는 꼴밖에 되지 않는다.

필자가 20대였을 때의 일이다. 차를 타고 가다 시끄러운 사이렌과 경적을 울리며 다가오는 레커차를 보며 "앰뷸런스도 아닌데 진짜 시끄럽네!"라고 말했던 적이 있다. 지금도 그 당시 나를 생각하면 얼굴이 붉어진다. 보통 레커차는 자동차 사고가 났거나 어떤 급한 사고로 인해 출동하는 차다. 큰 사고로 사람의 목숨이 위험한 순간일 수도 있고 당사자들은 큰 어려움을 겪고 있는 상황인 것이다. 그러한 이유로 급하게 소리 내며 가는 레커차에 시끄럽다며 짜증을 냈던 지극히 개인주의적인 필자의 모습이 지금도 부끄럽지 않을 수 없다.

앞서 말한 것처럼 사람은 혼자 살아갈 수 없다. 내가 만약 남을 도와주면 언젠가는 나도 남들로부터 도움을 받는 날이 오게 된다.

문명이 탄생하고 변하지 않는 진실이 있다. 성경에서 말하는 황금률이 바로 이것이다. 자신이 했던 모든 행위는 언젠가 돌아온다. 그것이 선행이든, 악행이든 말이다. 이기적인 사람은 타인에게 외면당하기 쉽다. 내가 누군가를 힘들게 하고 눈물 나게 했다면 그 역시도 어떤 환경과 상황에서든 돌아오기 마련이다.

사업도 마찬가지다. 상대방의 입장에서 생각하고 기분을 이해하려 할 때 오해는 줄어들며 황금률이 적용된다. 타인의 입장을 생각하고 그들을 이해하려 할 때 기회가 찾아오는 것은 당연한 것이다.

사람의 욕구 단계 이론을 정리한 매슬로(Abraham H. Maslow, 1908~1970년)는 사람의 욕구를 총 다섯 단계로 구분했다. 하지만 필자는 5단계를 넘어선 6단계의 이타적 욕구가 있다고 믿는다.

6단계의 이타적 욕구는 사람이 사람을 도와주고자 하는 욕구를 말한다. 필자는 직원을 뽑을 때도 일의 경험이나 능숙함을 떠나서 6단계의 이타적인 성향을 지닌 사람을 우선적으로 뽑는다.

성공했다고 불리는 많은 사람이 5단계 욕구인 자아실현을 거치면 이타적인 삶에 많은 시간을 투자하며 살아간다.

대표적인 인물로 교보문고의 설립자인 고(故) 신용호 회장을 꼽을 수 있다.

신용호 회장은 책으로 자신이 많은 변화를 이루었기에 책의 힘을 알았다. 그래서 직원들의 반대가 있었음에도 불구하고 대한민국을 대표하는 서점 하나는 있어야 한다며 금싸라기 땅인 광화문 사옥 지하에 단일 층 면적으로는 세계 최대 서점인 교보문고를 만들었다.

그는 서점을 지음으로써 많은 사람이 변화의 꿈을 꾸며 그 꿈을 이루길 바랐다.

신용호 회장은 교보문고 영업 지침으로 직원들에게 다섯 가지를 지키도록 했다.

첫째, 모든 고객에게 친절하고 초등학생에게도 존댓말을 쓸 것.

둘째, 한곳에 오래 서서 읽는 것을 말리지 말고 그냥 둘 것.

셋째, 이것저것 빼 보기만 하고 사지 않더라도 눈총 주지 말 것.

넷째, 앉아서 노트에 책을 베끼더라도 말리지 말고 둘 것.

다섯째, 책을 훔쳐도 도둑 취급해 망신 주지 말고 눈에

띄지 않는 곳에 가서 좋은 말로 타이를 것.

개인의 이익과 만족만을 생각했다면 절대 이런 영업 지침과 교보문고가 만들어질 수 없었다. 여럿이서 함께 변화를 꿈꾸고 나누고자 하는 사랑 없이는 할 수 없는 것들이다.

이타적이라는 말은 사랑의 마음을 간직하며 산다는 걸 말한다.

사랑은 인간만이 가진 감정이며 가장 위대하며 아름다운 경험이다.

사람이 사람을 위해 가장 순수하고 아름답게 외부로 표현하는 사랑의 행위 중 하나인 것이다.

만약 누군가가 당신에게 도움을 요청하면 주저하지 말고 그들을 위해 도우려 하는 애씀이 있어야 한다. 언젠가 상황이 나아지고 마음의 여유가 생기면 그들을 생각하고 돕겠다는 사람은 평생 가도 그 사람의 생각처럼 되지 않는다.

자아실현의 단계를 넘은 사람들에게 가장 필요한 것은 돈이나 물질이 아니다.

인간에게 필요한 것 중 하나는 바로 존중받는 삶이다.

나보다는 다른 사람들을 생각하고 배려하는 삶을 살 때,

즉 이타적인 삶을 살아갈 때 존중받는 삶을 살아갈 기회를 얻게 된다. 작은 배려와 나눔은 두 사람의 인생을 바꾼다.

결국 이타적인 사람은 성공할 수밖에 없다.

필자가 가지고 있는 꿈 중 하나는 대한민국에 기부 문화를 정착시키고 지금보다 더 활성화하겠다는 꿈이다. 꼭 돈이 많고 부자가 됐을 때 기부하는 것이 아니라, 어렸을 때부터 기부하는 습관이 곧 스펙이 되는 사회 문화를 만들고 싶은 꿈이 있다. 국·영·수는 못하지만, 기부는 1등인 아이가 더 인정받고 좋은 학교에 갈 수 있게 하고 싶다. 토익, 토플보다 봉사와 기부 활동이 더 능력 있고 스펙으로 인정받는 사회 말이다. 타인의 존중과 인정을 받는 삶을 살아갈 수만 있다면 행복한 삶을 살아가는 것이다.

타인의 존중을 통해서 자신감 가득한 하루를 살아가게 되는 것이다.

능력 Double Up!

"조직을 승리로 이끄는 힘의 25%는 실력이고 나머지 75%
는 팀워크이다."

- 풋볼 감독 딕 버메일(Dick Vermeil, 1936년~)

집단 지성(集團知性). 다수의 개체가 서로 협력하거나 경
쟁을 통하여 얻게 된 지적 능력의 결과로 얻어진 집단적
능력을 일컫는 말이다.

미국의 곤충학자인 윌리엄 모턴 휠러(William Morton
Wheeler, 1865~1937년)에 의해 처음으로 사용된 말이다.

윌리엄 모턴 휠러는 개체로서 개미가 가진 힘은 약하지
만, 집단을 이뤄 힘을 모으면 거대한 개미집을 만들 수 있
다는 것을 관찰했다. 이를 근거로 뿔뿔이 흩어져 있는 개
미 자체는 힘이 없지만 여럿이 모여 군집(群集)해서는 높은
지능과 힘을 가진다고 설명했다. 개미뿐만이 아니라 다수

의 개체가 모여 힘을 합친다면 집단 능력, 집단 지능, 집단 지성이 올라간다.

우리는 앞으로 더욱 많은 사람과 함께 일해야 한다.

쉽게 말하자면 "우리는 나보다 (조금이나마) 더 똑똑하다."

회사의 규모가 크든 작든, 직원이 한 명이든 수백 명이든 필자가 생각하는 가장 유능한 직원은 대표다.

대표는 직원이 맡고 있는 업무보다는 회사의 살림을 신경 쓰고 챙겨야 하므로 전반적인 부분을 알고 있어야 한다. 그래서 건강하고 발전하는 회사일수록 대표가 유능하다.

하지만 아무리 대표가 유능하다고 해도 혼자서는 회사를 이끌어나갈 수 없다. 대표 혼자서 이끄는 회사는 절대 건강하고 정상적인 운영을 할 수 없으며 유지될 수 없다. 더 많은 생각과 아이디어는 혼자가 아닌 여럿이 함께하는 순간에 나온다. 다시 말해서 절대로 혼자가 아니라 집단이 모였을 때 힘과 능력이 발휘된다.

필자 회사 운영을 하며 직원들의 도움이 필요하면 어떠한 체면이나 자존심도 내세우지 않고 의견을 묻는다. 가끔은 일부러라도 직원들에게 회사 운영이나 앞으로 나아갈 방향에 관해서 물어보며 그들의 생각을 듣는다. 여러 생각을 들을 수 있어서 좋고, 직원들에게 회사에 대한 소속감과 자신의 존재감을 불어 넣어줄 수 있기에 일석이조다. 다만 권위적인 모습을 배제하고 자존심을 내려놓고 직원들과 똑같은 입장에서 그들과 함께 동화되어 이야기를 진행해야 한다.

집단 지성을 알아보는 실험이 있었다.

한 교수가 다양한 사람이 모인 강의실에 유리병에 든 구슬의 개수를 맞춰 보라는 간단한 실험을 했다. 그 결과, 개인이 제출한 숫자는 유리병에 든 구슬의 개수와 거리가 먼 답이 제출되었지만, 그들이 제출한 수의 평균을 내어보니 실제 구슬의 개수와 가장 근접한 수가 나왔다. 즉, 개인이 추측한 숫자는 정답과 거리가 멀었지만, 그들이 하나의 집단이 되어 추론한 값의 평균은 정답에 가까웠다.

또 하나 재미있는 실험이 있다.

유전학자인 프랜시스 골턴(Francis Galton, 1822~1911년)은 사람들에게 황소의 몸무게를 알아맞혀 보라는 문제를 주었다. 여기에는 목축업자, 정육업자 등 소에 대한 해박한 지식을 가지고 있는 사람들도 있었다. 반면에 소에 대한 사전 지식이 전혀 없는 일반인들도 한데 어우러져 있는 상태였다. 결과는 재미있게도 모든 참가자가 제출한 값의 평균이 황소의 몸무게와 가장 가까운 숫자였다.

현재 우리나라를 대표하는 포털 사이트인 네이버에는 '네이버 지식in' 서비스가 있다. 지식in은 네이버를 이용하는 사용자들이 질문을 올리면 답을 알고 있는 또 다른 사용자들이 그 방법과 해답을 제시해 주는 서비스다.

질문에 답을 적어놓은 일반인들도 있지만, 전문가들도 참여해 신뢰도를 높여주고 있다. 혼자 생각하고 문제를 해결하려 한다면 많은 시간과 노력이 들어간다. 하지만 '함께'라면 그 결과는 확연히 달라진다.

그동안 혼자 생각하고 행동했다면 이제는 무리 속에 있어야 한다.

'우리'는 '나'보다 강하며 똑똑하다.

무리에 속해서 집단으로 맺어진 협동은 당신의 능력을 배가시켜 준다.

집단 속에서 서로의 생각을 공유할 때 그 생각을 현실화

할 수 있으며 원하는 결과로 만드는 시간을 현저하게 줄일
수 있다. 또 여러 생각이 한데 어우러져 아이디어는 더 많
아질 수밖에 없고 아이디어를 이루는 생각도 더욱 단단해
지기 마련이다. 우리가 강한 이유는 바로 여기에 있다.

지금 하는 생각이
곧 당신이다

"가장 중요한 것은 생각입니다. 건전한 정신 자세를 가지십시오. 용기, 정직, 담백함, 명랑함 등은 곧 창조의 직업입니다."

- 엘버트 허버드(Elbert Hubbard, 1856~1915년)

옛날 어느 이름 모를 나라의 왕이 있었다.

왕궁 생활이 따분했던 왕은 신하 몇 명과 밤에 몰래 궁을 빠져나와 마을 입구에 큰 돌을 세워 놓았다. 그리고 돌 밑에는 신하들을 시켜 아무도 모르게 황금과 함께 왕이 직접 쓴 편지를 넣어 두었다. 날이 밝자 왕은 신하들과 함께 돌을 누가 옮기는지 숨어서 지켜보았다.

많은 사람이 마을 입구를 지나갔지만 모두 "어느 못된 놈이 이곳에 돌을 놓았느냐?"라며 불평만 하며 돌 옆으로 돌아갈 뿐, 실제로 돌을 옮기는 사람은 단 한 명도 없었다.

왕과 신하는 모두 지쳤고 포기하고 궁으로 돌아갈 준비를 할 때쯤 한 사람이 다가와 돌을 바라보며 섰다.

그 사람은 끙끙대며 돌을 옮기기 시작했다. 돌을 옮기고 나자 돌 밑에 깔려 보이지 않던 황금과 왕이 직접 쓴 편지를 발견했다. 편지에는 "여기 있는 황금은 돌을 옮긴 자의 것이다. 누구든 돌을 옮겼다면 이 황금의 주인이다."라고 왕이 적어 놓은 내용이 있었다.

살아가면서 특별히 노력하지 않아도 배울 수 있는 것들이 있다. 숨 쉬는 것만큼 자연스럽게, 아주 쉽게 배울 수 있다.

이것을 배우는 데는 특별한 재능이나 시간을 들일 필요도 없다.

이것은 시간, 인격, 나이, 학벌, 재능, 환경, 돈을 초월하며 우리가 아무 노력도 하지 않고 너무나도 쉽게 이것을 배우며 그 능력을 키울 수 있다. 이것은 바로 불평이다.

불평과 불만을 하는 삶은 노력하지 않아도 우리가 쉽게 배울 수 있다.

불평은 문제를 해결하지 못한다. 문제 해결은커녕 상황만 악화될 뿐이다.

불평을 잘한다고 해서 상대방과 나의 관계가 좋아지지는 않는다. 오히려 더 나빠지기만 할 뿐이다.

늘 불평을 하는 사람들은 별일이 아니어도 말투와 행동에서 불평과 불만을 늘어놓는다. 습관이다. 자신도 모르게 불평과 불만을 습관적으로 하는 것이다.

오랜 습관으로 매사에 불평불만으로 인생을 살았던 사람이 죽어서 우연히 천국에 갔지만 너무나도 아름다운 천국의 풍경을 보자 "젠장, 왜 이렇게 좋은 거야?"라며 불평을 했다고 한다.

불평할수록 뇌는 더 부정적으로 생각한다. 점점 불평이 습관이 되어 간다.

"한 가지 생각을 반복적으로 하면 그 생각에 대해서는 우리 뇌의 시냅스와 시냅스 간의 신호 전달 속도가 빨라진다. 한 번 뇌가 적응되면 약간의 부정적인 생각만으로도 순식간에 뇌가 부정적인 생각으로 가득 차고 수시로 불평과 불만이 나온다."

우리의 뇌는 가상과 현실을 구분하는 능력이 뛰어나지 못해서 상상하는 것만으로도 마치 실제 세계에서 일어나는 것과 같은 효과를 낼 수가 있다.

반복적이고 습관적인 불평불만은 우리 뇌의 건강을 악화시키고 뇌를 파괴한다고 전문가들은 말한다.

불평과 불만이 안 좋은 이유는 많지만, 무엇보다 가장 안 좋은 점은 내 몸을 망친다는 것이다.

스트레스 호르몬이라고 알려진 '코르티솔'은 사실 스트레스를 줄이는 긍정의 호르몬이다. 스트레스에 반응해 분비된 코르티솔은 간, 근육 등에 작용한다. 코르티솔 호르몬이 작용하기 시작하면 스트레스에 대적하기 위해 새롭게 에너지를 공급하고 그로 인해 스트레스가 줄어들게 된다. 하지만 모든 것은 과유불급(過猶不及)이라고 했다.

직장과 가정 또는 자신이 처한 상황에서 부정적인 생각에 지속해서 노출되면 코르티솔 수치가 계속 올라가게 된다.

그렇게 되면 코르티솔은 식욕을 부추기고 복부에 지방을 쌓는 작용을 하므로 신체 대사가 불균형해지면서 복부 비만, 고지혈증, 심혈관계 질환으로 이어질 수 있다. 이러한 현상이 지속된다면 이는 결과적으로 우리 몸에 악영향을 끼치게 된다.

신나게 불평하면 스트레스가 풀린다고 생각하는 사람들이 있다.

이제는 더 이상 불평과 불만으로 스트레스를 풀려고 생각해서는 안 된다.

습관적인 불평보다는 오히려 이해하고 감사하려는 마음을 갖는 게 좋다.

감사하는 마음은 불평불만과 달리 전혀 해롭지 않을뿐더러 생산적이며 미래 지향적이다.

한 남자가 작업하던 중 사고로 한쪽 눈을 심하게 다쳤다. 병원에서 치료했지만 결국 다친 눈은 실명하고 말았다. 설상가상으로 나머지 눈도 시력이 나빠지기 시작했다.

매사에 낙천적이었던 남자는 충격에 빠지고 말았다. 남자의 아내도 슬픔에 빠지고 말았다. 남편의 아픈 상처가 언젠가는 아물 거란 생각과는 달리, 남은 한쪽 눈마저 시간이 갈수록 보이지 않자 가슴이 찢어질 것 같았다.

며칠 후 그녀는 미장공을 불러 집 안의 가구와 벽을 새로 칠하기로 했다. 시력이 완전히 사라지지 않은 남편에게 깔끔한 새집의 이미지를 남겨 주고 싶었기 때문이다.

미장공은 매일 휘파람을 불며 신나게 일했지만, 그 역시 한쪽 팔이 없었다.

집을 새로 단장하는 데는 일주일이 걸렸고 그사이 미장공은 남자의 사정을 알게 되었다. 모든 일이 끝나자 남자는 "매일 즐겁게 일하시는 모습에 저도 덩달아 즐거웠습니다."라고 말하며 작업비를 미장공에게 내밀었다.

미장공은 돈의 일부를 다시 남자에게 돌려주며 말했다.

"아닙니다. 돈은 이걸로 충분합니다. 하지만 답답하고 슬픈 상황이실 텐데 담담하게 현실을 받아들이시는 모습에 저도 용기를 낼 수 있었습니다."

남자는 한사코 나머지 돈을 미장공에게 돌려주며 말했다.

"당신 덕분에 장애가 있어도 얼마든지 행복하게 일하며 살 수 있다는 것을 배웠습니다."

불평과 불만만 하는 사람은 어리석은 선택을 하는 것이다.

앞에서도 말했듯이 우리의 뇌는 현실과 가상을 명확하게 구분하지 못한다.

불평으로 이어진 부정적인 사고는 당신이 더 깊은 생각을 할 수 없게 한다.

불평과 불만은 연습하지 않아도 언제 어디서든 쉽게 할 수 있다.

불평과 불만을 만났다고 해서 너 이상 매일 부정적인 사고가 활성화되어 얼룩진 뇌로 살아가서는 안 된다.

부정적인 환경일지라도 그 상황에 젖어 자포자기하는 것이 아니라 좀 더 나은 모습을 기대하며 방법을 생각하는 긍정적인 자세를 갖는다면 우리의 뇌는 어떻게든 좋은 방법을 찾으려고 노력하며 해결하려고 한다. 이것이 우리 뇌가 가지고 있는 놀라운 점 중의 하나다.

명심하라!

지금 어떤 생각으로 살아가느냐에 따라 당신의 모습이 달라진다.

결국
사람만 남는다

"내 앞에서 걸어가지 마라,

나는 따라가지 않을 테니.

내 뒤를 따라오지 마라,

나는 이끌지 않을 테니.

내 옆에서 걸으면서 친구가 되어다오."

- 알베르 카뮈(Albert Camus, 1913~1960년)

영화 〈her〉를 보면 주인공은 사랑하는 사람과 이별을
하고 충동적으로 인공지능 소프트웨어를 구입한다. 그 소
프트웨어는 대화를 나누며 주인공의 마음을 치유해 준다.
시간이 흐르자 주인공은 소프트웨어와 사랑에 빠지게

된다. 그러나 아무리 잘 만들어진 컴퓨터도 나와 다르다는 걸 느낀 주인공은 다시 자신의 아내 '캐서린'에게 편지를 보내면서 제대로 된 사랑을 시도한다.

영화 〈her〉는 로맨스 이야기다. 하지만 그 안의 내용은 우리에게 멀지 않은 미래에 대한 무겁고도 무서운 생각을 하게 만든다.

바로 인공지능, 즉 A.I(Artificial Intelligence) 때문이다. A.I는 우리의 삶을 더욱 편하게 만들어 주고 삶의 만족도를 높여 준다. A.I의 좋은 점을 일일이 나열하여 설명하기엔 지면이 부족할 정도로 A.I는 무섭게 발전하며 우리의 삶 속으로 들어오고 있다.

영화 〈her〉는 우리나라에서는 2013년에 개봉했다. 2016년 3월에는 세기의 대결이 펼쳐졌다. '구글 딥마인드 챌린지'에서 열린 인공지능 알파고와 인간 대표 이세돌 9단의 바둑 대결이 그것이다.

결과는 충격적이었다. 인공지능 알파고는 이세돌 9단을 4:1로 꺾으며 전 세계 사람들을 충격에 빠트렸다.

알파고가 똑똑하고 습득 능력이 좋다고는 하지만, 사람

들을 충격으로 몰아넣지는 못하리라고 생각했기 때문이
다. 알파고가 이세돌 9단을 이겼던 결정적인 핵심 기술은
딥러닝(Deep Learning)에 있었다.

단순한 계산 하나도 버거워했던 수준에서 바둑 천재 이
세돌 9단을 이기기까지 딥러닝으로 단시간에 실력을 키웠
던 것이다.

인간이 수십 년 또는 평생을 노력하여 이룬 실력을 알파
고는 말도 안 되는 기간에 배우고 오히려 사람을 뛰어넘는
모습에 전 세계인들은 허무함과 동시에 섬뜩함마저 느꼈
다. 필자도 그중 한 사람이었다.

그러나 기술 변화의 속도와 A.I의 빠른 정보 습득력이
조금 걱정되지만, 심각하게 생각하지는 않는다.

수많은 기술과 A.I를 자세히 들여다보면 결국 사람을 위
한 기술이 거의 전부다. 그 기술 안에는 모두 사람을 위한
나눔, 즉 '공유'를 기본으로 하고 있다.

사전을 찾아보면 '공유(共有)'는 두 사람 이상이 하나의 물
건 또는 서비스를 공동으로 이용 또는 소유하는 것을 말
한다.

온라인상에서 서로의 안부와 근황을 나누며 새로운 이

슈에 대해 정보 공유를 기본으로 한다. 공유, 즉 나눔을 목적으로 나온 인스타그램, 트위터, 카카오톡, 페이스북 등은 전부 사람을 위한 관계 기반의 서비스 기술들이다.

에어비앤비(Air BnB), 배달의 민족, 요기요 역시 마찬가지다.

각각의 사업 특성이 있지만, 이러한 기술들은 기본적으로 사람의 편의에 대한 나눔이 중심이 되고 있다. 에어비앤비는 세계 최대의 공유 민박업 회사다. 자신의 방이나 집, 별장 등 사람이 지낼 수 있는 모든 공간을 임대할 수 있고 이를 공유하는 서비스를 제공하는 회사다. 배달 주문 서비스의 대표 브랜드인 배달의 민족은 '나'를 중심으로 주변 맛집과 인기 있는 음식점을 추천해 주는 동시에 줄 서서 먹던 맛집의 음식을 우리 집으로 배달시켜 주는 서비스다.

이처럼 하루가 멀다 하고 새로운 기술이 쏟아지고 기존의 기술은 더욱 진보하고 발전한다. 어제의 정보는 오늘의 새로운 정보에 밀려 더 이상 그 가치가 유지되지 않고 있다.

재미있는 점은 시간이 흐르고 시대가 바뀌어도 변하지 않는 것은 바로 사람이라는 점이다. 기술과 정보는 결국 사람에 의해, 오롯이 사람을 위해서 나온다.

아무리 기술이 발전되고 새로운 정보와 기술이 나와도 그것을 이용하고 누리는 것은 결국 사람이다. 자동차, 비행기, 인터넷, 카메라, 스마트폰, 컴퓨터, 태블릿, 필기도구 등은 모두 사람을 위해서 세상에 나왔다. 기술의 중심에는 반드시 사람이 자리 잡고 있고 그 기술과 서비스에는 사람과의 나눔이 있어야 한다.

사람과의 나눔이 빠지고 기술과 정보만을 쫓는다면 목이 마르다고 바닷물을 마시는 것과 다름없다. 성공은 말할 것도 없고, 얼마 못 가서 사라지게 되고 만다.

앞으로는 기술이 우선이 아닌 사람이 먼저가 되는 사업이 주목받으며 세상은 더욱더 발전할 것이다. 변화의 속도는 더욱 빨라지게 된다. 회사가 새로운 기술과 서비스만 쫓는다면, 마치 그것이 전부인 것마냥 생각한다면 얼마 못 가서 사라지고 말 것이다.

기술은 언제나 인간에게 유용한 도구였다. 그 기술을 이용하는 것 역시 언제나 사람의 몫이다. 기술이 발전하고 세대가 달라져도 변하지 않는 것은 사람을 위한 생각과 마음이다. 이것이 사라지면 남는 것은 없다. 그렇기 때문에 더욱 기술이 발전해도 사람과의 관계에서 생기는 기쁨을 잊지 말아야 한다.